# Eu Digital

## Método de Gestão Pessoal Digital

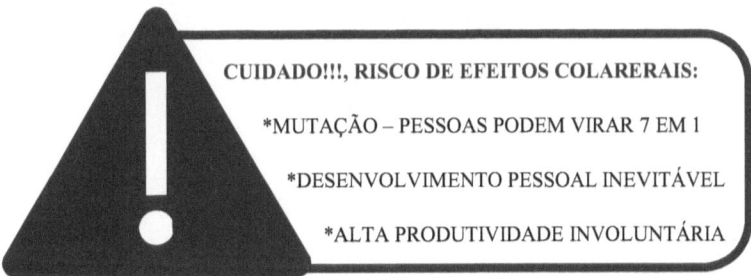

CUIDADO!!!, RISCO DE EFEITOS COLARERAIS:

*MUTAÇÃO – PESSOAS PODEM VIRAR 7 EM 1

*DESENVOLVIMENTO PESSOAL INEVITÁVEL

*ALTA PRODUTIVIDADE INVOLUNTÁRIA

www.metodoeudigital.com.br
contato@metodoeudigital.com.br
(83) 9.9655-5989

Método de
Gestão Pessoal Digital

# SUMÁRIO

## 1. MÉTODO DE GESTÃO PESSOAL DIGITAL .................................................. 5

### 1.1. PRÉ MÉTODO .................................................. 9

1.1.1. TÓPICO 1 - QUEM E POR QUAL MOTIVO? ................... 10
1.1.2. PRODUTIVIDADE ................................................ 24
1.1.3. DEFINIÇÕES IMPORTANTES ................................. 32
1.1.4. BASE TEÓRICA ................................................ 69

### 1.2. MÉTODO .................................................. 88

1.2.1. TRÍADE EXISTENCIAL DIGITAL ............................. 89

### CONCLUSÃO .................................................. 92

### RESUMO MENTAL .................................................. 94

## 2. EU DIGITAL .................................................. 96

### 2.1. CAMPOS DE APLICAÇÃO .................................................. 97

### 2.2. FERRAMENTAS .................................................. 99

2.2.1. CONFIGURAÇÃO DO ECOSSISTEMA ........................ 99

### 2.3. BACKUP .................................................. 123

2.3.1. AUTOMATIZAÇÃO EM DISPOSITIVOS ......................... 124

2.3.2. BACKUP PESSOAL ...................................................... 134

## 2.4. GESTÃO PESSOAL ................................................ 140

2.4.1. IMPLEMENTAÇÃO DA TRÍADE DOS HÁBITOS PRÁTICOS ............................................................................. 141

## 2.5. CHECKLIST DO SEU EU DIGITAL ........................ 152

2.5.1. CHECKLIST ................................................................. 153

2.5.2. IMPORTANTE .............................................................. 154

## CONCLUSÃO .................................................................. 156

## RESUMO MENTAL ......................................................... 158

# ANEXOS ...................................................................... 159

ANEXO 01 - MATRIZ DE GESTÃO DE TEMPO ........... 159

ANEXO 02 - LISTA DE OBJETIVOS ............................. 160

ANEXO 03 - RESUMO MENTAL GERAL ..................... 161

# REFERÊNCIAS ........................................................... 162

LIVROS ........................................................................ 162

SITE ............................................................................. 163

www.metodoeudigital.com.br
contato@metodoeudigital.com.br
(83) 9.9655-5989

Método de
Gestão Pessoal Digital

# 4

# 1. MÉTODO DE GESTÃO PESSOAL DIGITAL

Olá, seja muito bem-vindo(a) a uma nova fase da sua vida!

Muitos do que você lerá a partir daqui certamente vai te incomodar. Um  incomodo motor e necessário, pois um corpo jamais sairá da sua zona de conforto e entrará em movimento sem motivos, motores, uma propulsão inicial. Aqui você encontrará o combustível para tal propulsão que te colocará em movimento, assim como também terá todo o passo a passo para a construção desse foguete, que te levará às nuvens, para mais perto dos seus sonhos e objetivos, da forma mais real, sólida e efetiva possível.

# 6

Agora pense no Método de Gestão Pessoal Digital como sendo toda a ciência e estrutura teórica por trás da construção desse foguete. Imagine agora o foguete pronto, e a ele daremos o nome de EU DIGITAL, o Seu EU DIGITAL, construído por você e terá você no comando. Mais à frente você conseguirá entender melhor o motivo do nome EU DIGITAL e como se dará todo o processo de conhecimento do Método de Gestão Pessoal Digital (Ciência construtiva) e da construção de tal foguete (Seu EU DIGITAL).

Aperte os cintos, e vamos voar!

Neste capítulo teremos uma introdução ao Método, e logo após o Método e sua estrutura. Se atente aos detalhes e jamais avance sem compreender tudo o que for exposto.

Para que você possa aproveitar ao máximo todo o conteúdo a seguir, tenha sempre o hábito de pesquisar por palavras, conceitos e imagens que ilustrem melhor tudo o que for dito, mas não tenha ficado claro o suficiente para você. Uma breve pesquisa no Google, ou até mesmo no Google Imagens, sempre são de grande ajuda. **Seja curioso**, busque conhecer melhor tudo que venha a não ficar claro, e tudo que for do seu interesse.

Outro ponto é que por vezes tudo que faz parte do mundo digital nos parece complicado, mas tire isso da sua mente, basta que você leia tudo com atenção e sempre tire suas dúvidas que os esses monstros tecnológicos deixarão de existir, assim suas barreiras tecnológicas deixarão de existir.

## 1.1. PRÉ MÉTODO

Como tudo na vida, nós precisamos entender as coisas que nos utilizamos no dia a dia, e precisamos de base para avançarmos em qualquer coisa que nos dispusermos a fazer. Portanto, aqui não será diferente, pois é preciso compreender a trajetória e os motivos que me levaram a desenvolver este Método, assim como contextualizar algumas coisas, para que tudo possa fazer sentido mais à frente.

Iniciaremos com uma breve apresentação da jornada de quem e por qual motivo esse método veio a existir, com uma breve contextualização histórica dentro dos motivos, mostrando onde estamos, as pedras que estão pelo caminho e a necessidade de tirarmos elas da frente para continuarmos a nossa caminhada em busca de uma existência **Produtiva** e consequentemente **Realizadora**.

Em seguida veremos a Produtividade de uma forma holística e geral, com definições e conceitos que a circundam e com foco no conceito de Realizador(a), trazido pelo livro "Produtividade para quem quer tempo" de Gerônimo Theml.

Por fim será apresentada toda a base teórica necessária, junto a conceitos importantes, que utilizaremos para a compreensão do Método e para a construção e implementação do Seu EU DIGITAL. Veremos ainda a Tríade Existencial, que precisa de atenção e plena compreensão, pois é a base para o Método. Também será posta a Gestão Pessoal, com suas ferramentas e conceitos que nos serão de grande utilidade mais à frente.

## 1.1.1. QUEM E POR QUAL MOTIVO?

Minha trajetória e motivos para a construção do Método de Gestão Pessoal Digital estarão a seguir. Compreendendo isso você conseguirá enxergar a importância deste Método e o potencial que ele tem ao ser devidamente aplicado.

## 1.1.1.1. QUEM

Olá, sou o Juracy Alexandre ☺. Desde sempre fui alguém curioso e inconformado com várias coisas, desde as mais simples até os mistérios mais complexos do universo. Por quê? Como? Para quê? foram palavras que sempre me acompanharam.

Certo dia me peguei pensando sobre o quanto consegui evoluir, e como as coisas estavam acontecendo com velocidade e efetividade na minha vida. Nesse momento eu pude olhar ao redor e ver que esta não era uma realidade para muitos, e me surgiu a curiosidade de saber o exato motivo. Reuni vários rabiscos, livros, hábitos, conhecimentos e novas pesquisas a respeito, e vi que eu tinha identificado um padrão histórico e evolutivo, o qual denominei de Tríade Existencial e irei lhe apresentar com detalhes mais à frente. A aplicação dessa Tríade, com o suporte do mundo digital, se tornou a base para este Método.

Tendo ciência disso eu me inquietei em compartilhar isso com o maior número de pessoas possível, e é por isso que você está lendo isso hoje, e terá a possibilidade de absorver conhecimentos da minha vida, e de outras tantas vidas anteriores a mim, em poucas páginas.

Já ouviu alguém dizer "Não sou dois em um" ou "Preciso ser dois em um para dar conta" ou algo do tipo? Seguindo essa lógica, de ser vários em um, quando se é mais produtivo, e cronologicamente, vou te descrever um pouco do que consegui produzir, desenvolver, ser alcançar e fazer ao longo de mais de 9 anos focando em fazer mais e ser melhor (produtividade e performance).

## 1.1.1.1.1. 2 EM 1

Nunca me conformei com minha realidade, e nuca achei justa muita coisa da realidade onde cresci, por isso já aos 12 anos eu já estava cursando Informática Básica [1], e me aventurando como DJ [2], tendo David Guetta como maior influência sonora. Na época eu não sabia, mas estava fazendo a melhor escolha possível, tendo a educação e o conhecimento como aliados na caminhada contra o conformismo. Sempre sonhei e planejei muito e a cada noite eu sempre tinha um novo plano para "vencer na vida", e desde cedo eu tinha ciência de que a Informática e o mundo digital poderiam me ajudar nisso.

## 1.1.1.1.2. 3 EM 1

Assim que acabei meu curso de Informática Básica eu quis dar prosseguimento em estudar o que me interessava, e a única alternativa possível para avançar nisso, lá no interior da Paraíba, era o curso de Design Gráfico, assim, aos 13 anos eu estava fazendo um curso profissionalizante de Design Gráfico [1], e mesmo nunca tendo sido o melhor aluno da sala, no ensino tradicional (fundamental), principalmente quando tinha de cursar matérias inúteis para os meus planos futuros, tive notícias de que eu poderia dar prosseguimento aos meus estudos na área da Informática, e ai começou minha saga de estudos para passar no processo seletivo do IFPB [2] (Instituto Federal de Educação Ciência e Tecnologia da Paraíba), ainda tentando conciliar a carreira de DJ [3].

## 1.1.1.1.3. 4 EM 1

Recuperei o conteúdo de todo o ensino fundamental em cerca de 3 meses, e depois de noites mal dormidas e muita dedicação, aos 14 anos comecei minha vida acadêmica no IFPB, cursando Manutenção e Suporte em Informática [1], o que conciliei com trabalhos voluntários na Primeira Igreja Batista de Esperança [2], migrei de DJ para o Canto [3] e trabalhei por um tempo em uma Gráfica [4]. Finalmente eu estava fazendo apenas o que eu tinha escolhido fazer, e foi aqui que comecei a me dedicar em 100% a tudo aquilo que eu fazia. Por ter diversas atividades a serem conciliadas comecei a utilizar o digital ao meu favor, sempre arranjando formas de, metodicamente, facilitar meu dia a dia ao máximo, pois quanto mais tempo eu conseguisse economizar mais tempo eu teria para dedicar às demais coisas que eu amava.

## 1.1.1.1.4. 5 EM 1

Na minha busca por formas de tornar meus dias mais produtivos eu, aos 16 anos, conheci a Administração, enquanto fazia o curso Técnico em

Canto pelo IFPB [1], em outra cidade. Nesse momento foquei os estudos e esforços na prova do Enem [2], enquanto dava continuidade aos trabalhos voluntários na área musical [3], tocava na Igreja [4] e em eventos do IFPB [5], mas agora na cidade de João Pessoa.

Por ter ciência da minha capacidade de assumir diversas atividades na semana e conseguir cumprir com todas, eu sempre me via fazendo dezenas de coisas durante o dia, e aqui eu já tinha desenvolvido diversos métodos organizacionais, os quais ia testando e aprimorando com o tempo.

## 1.1.1.1.5. 6 EM 1

Aos 18 anos me encantei pela área de Gestão, enquanto terminava o curso Técnico em Canto [1] e começava o curso Superior de Administração [2]. Ainda cheguei a fazer novamente o Enem algumas vezes [3], enquanto continuava os trabalhos voluntários [4] e as apresentações musicais no IFPB [5] e na Igreja [6].

Nesse momento eu percebia que ainda conseguiria conciliar algumas atividades na minha vida, mas acabei optando por focar no que estava em curso e dar o meu melhor em tudo.

## 1.1.1.1.6. + DE 7 EM 1

Aos 21 anos, cheguei ao cúmulo de equilibrar duas graduações (Administração pelo IFPB [1] e Gestão Comercial pela FAEL [2]), um Estágio [3], a produção desse Método [4], enquanto desenvolvia o projeto do meu primeiro TCC [5], e continuo a estudar Música [6], Canto [7] e a Compor [8], fora a minha vida pessoal [9], simultaneamente. Consigo tudo com leveza, e quando se tem as ferramentas certas, o domínio delas e a vontade de vencer, você pode ir longe, assim como estou indo.

Ser 7 em 1 é só o começo, e se você parar para pensar, é como se praticamente eu resolvesse uma semana em um dia, ou como se eu levasse uma hora para desenvolver sete horas de trabalho, é ser praticamente sete vezes, ou até mais vezes, mais produtivo.

Tenha ciência de que, isso não é um mérito advindo de um dom natural, pois em suas mãos está a ferramenta que me utilizo para alcançar tal produtividade e ir além disso se necessário for. Daqui a algumas páginas você terá compreendido tudo e irá conseguir ser 7 em 1, sendo no mínimo sete vezes mais produtivo, e fazendo proveito disso para usar seu tempo da melhor e mais adequada forma possível.

Um detalhe a ser ressaltado aqui é que sou alguém que gosto de dormir e de fazer tudo com calma e atenção, e ao contrário do que geralmente vem à mente, ser produtivo não é sacrificar tempo e sim gerir, não terá que deixar de fazer o que gosta para isso, pelo contrário, terás mais tempo para dedicar ao que gosta. Como já disse eu gosto de dormir, e durmo extremamente bem ao saber que o meu dia e os seguintes estão muito bem planejados e me esperando para a execução, de forma digital e segura. Ser produtivo de forma inteligente te possibilita avançar de forma simples em tudo que se dispuseres a fazer.

Desde sempre tive contato com a Informática, as Artes, a Administração e a Gestão. Tudo que aprendi pude aplicar na minha vida, desenvolver, aprimorar e ver os resultados surgirem.

Esse Método irá lhe ajudar assim como tem me ajudado, e chegar até aqui já lhe põe a frente de muita gente que continua e continuará na inércia da vida. Sigamos em frente!

## 1.1.1.2. MOTIVOS

Você deve compreender o seguinte:

# 1.1.1.2.1. AINDA ESTAMOS NO COMEÇO

O primeiro computador foi criado em 1945, a menos de 80 anos atrás. Já a Internet, foi criada em 1969, a pouco mais de 52 anos. Com estes números podemos ver que toda a tecnologia que hoje faz parte do nosso dia a dia é bem recente.

A forma com que essas tecnologias se introduziram na vida de todas as pessoas, há tão pouco tempo, foi extremamente abrupta, principalmente pela velocidade com que as coisas continuam a evoluir. Nós não tivemos instrução alguma para sabermos como existir e melhor produzir no mundo digital, e até hoje aderimos a novas tecnologias, novos aparelhos e novos sistemas sabendo pouco a respeito de como utilizar tudo isso ao nosso favor e como continuar a existir e produzir no digital de forma consistente e efetiva.

## 1.1.1.2.2. EXISTEM PERCALÇOS NO CAMINHO

Observe essa informação com atenção:

Benito Muros, presidente da Fundação Energia e Inovação Sustentável Sem Obsolescência Programada (Feniss) afirma em entrevista ao Jornal El País, que "Atualmente, a vida útil de um telefone é de dois anos".

https://brasil.elpais.com/brasil/2018/11/09/tecnologia/1541771036_210342.html

Observe também:

"Os brasileiros passaram mais de quatro horas por dia usando o celular, em 2018" segundo o relatório do Estado de Serviços Móveis, elaborado pela consultoria especializada em dados sobre aplicativos para dispositivos móveis App

Annie, considerado um dos mais completos do mundo.

https://agenciabrasil.ebc.com.br/geral/noticia/2019-01/brasil-foi-5o-pais-em-ranking-de-uso-diario-de-celulares-no-mundo

Fazendo uma conta simples multiplicando 4 horas do dia de um brasileiro, durante dois anos, temos a quantidade de aproximadamente 122 dias, ou 4 meses, em dois anos, dedicados ao Smartphone, e consequentemente a produção de dados, informações e arquivos pessoais. Ao perder um aparelho, é como se você perdesse cerca de 17% do que fora produzido no período de 2 anos.

## DOIS ANOS DA SUA VIDA (SEUS DADOS)

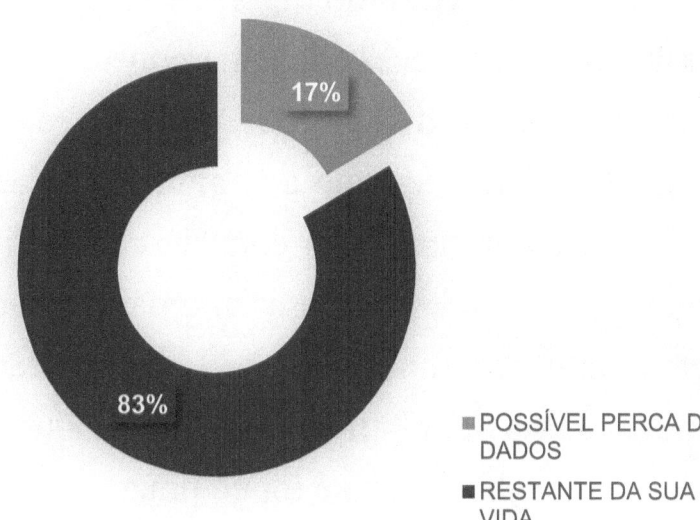

## 1.1.1.2.3. NECESSIDADE DO SEU EU DIGITAL

    A perca de um aparelho de forma inesperada ou uma troca programada (mas sem os cuidados necessários contra perca de arquivos) já pode nos fazer perder todos os dados, fotos, vídeos, documentos e tudo que existia no aparelho anterior, e isso é a prova de que não sabemos como existir e continuar a existir digitalmente.

Com base em tudo que foi visto até aqui, se torna evidente a necessidade da construção ajuste e implementação do Seu EU DIGITAL, e é o que proponho e me disponho a te ajudar a fazer, para que você tenha uma vida com dias produtivos, a segurança de dados necessária, e para um melhor aproveitamento futuro de toda sua existência e produção no Digital, trazendo a alta produtividade e o desempenho a curto e longo prazo.

## 1.1.2. PRODUTIVIDADE

A partir de agora lhe convido a uma profunda mudança de vida, onde você poderá economizar o seu tempo, produzindo mais, com consequências possíveis e futuras, em todos os âmbitos da sua vida. O cálculo é simples, produzindo mais você economiza mais tempo, e pode investir esse tempo disponível em rendas extras ou em qualidade de vida, estando com quem ama e fazendo o que lhe faz bem.

Para começarmos, analisaremos rapidamente algumas definições que se conectarão diariamente, fazendo parte da sua jornada a partir daqui.

## 1.1.2.1. TEMPO

É a duração relativa das coisas, criando a ideia de passado, presente e futuro. Divisão numérica da vida, tendo como referência o movimento dos astros (hora, dia, mês, ano...).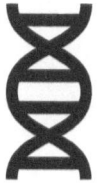

## 1.1.2.2. VIDA

Consiste no modo de viver, e/ou em um conjunto de **Hábitos**.

# 1.1.2.3. HÁBITO – TRÍADE DO HÁBITO

O **Hábito** consiste em uma **Tríade**, que é a intersecção entre Conhecimento (saber o que fazer), Capacidade (saber como fazer) e Vontade (desejo de fazer).

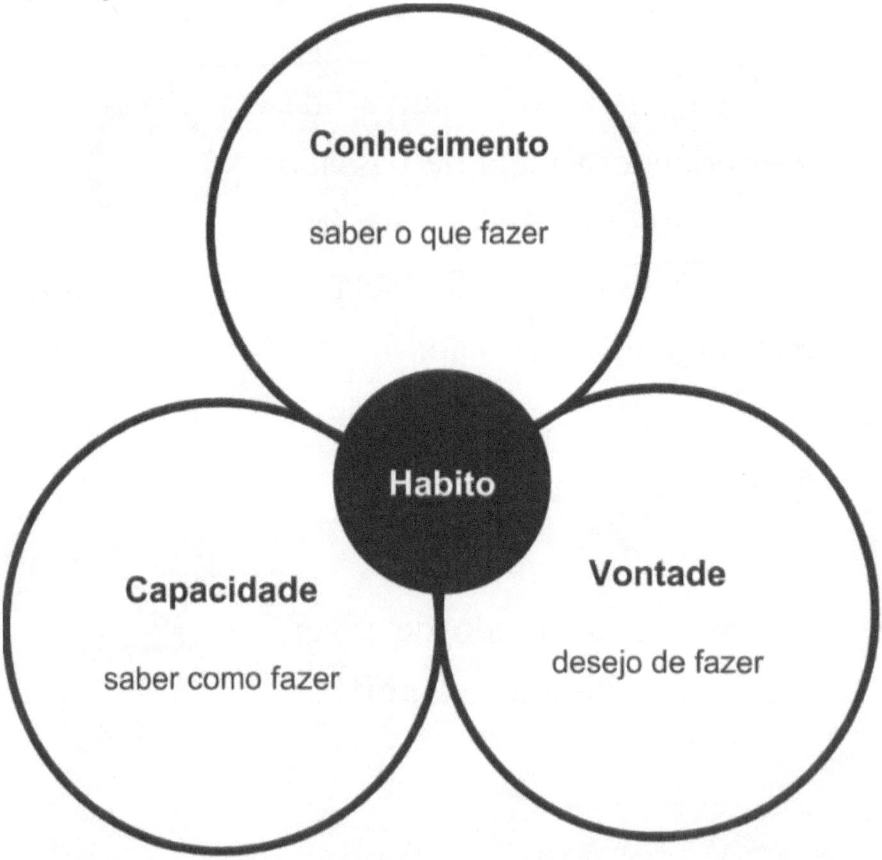

Numa análise, sobre o que foi posto acima, podemos inferir que o tempo enquanto divisão numérica da vida, em relação aos movimentos dos astros, tem uma importância extrema na existência de cada um. A divisão diária do tempo é igual para todos, e tão escasso quanto é para alguém humilde economicamente é para quem tem maior número de riqueza, então pelo fator da escassez do tempo ele se torna extremamente valioso, assim como diamantes e ouro, pois não conseguiremos achar mais tempo em lugar algum, nos restando apenas a Gestão do que temos a nossa disposição.

Tendo em vista a necessidade de uma Gestão efetiva do nosso ativo mais valioso (o tempo), e levando em consideração que viver é ter um conjunto de Hábitos, podemos concluímos que o caminho a ser seguido é a Gestão efetiva do seu Tempo, onde através dela conseguiremos usar hábitos ao nosso favor. Nos aprofundaremos mais à frente na Gestão de Tempo.

É aqui, tendo ciência da importância dos Hábitos na sua vida, para a Gestão do seu Tempo, que eu chamo a sua atenção para o seguinte fato; a **Tríade do Hábito**, como vimos, é a intersecção entre conhecimento (saber o que fazer), capacidade (saber como fazer) e vontade (desejo de fazer), portanto, o Método de Gestão Pessoal Digital te mostrará "o que fazer" para gerir seu dia a dia da melhor e mais efetiva forma, em breve, de forma exata e didática, e você o concluirá este Método sabendo exatamente "como fazer" para alcançar uma produtividade e performance diária inacreditável. Mas para que tudo isso se concretizem os Hábitos aqui propostos, e que estruturam o Método, você precisa completar a **Tríade do Hábito** com a sua parte, que é à "vontade", o desejo de fazer, o compromisso com a constância.

## 1.1.2.4. REALIZADOR(A)

O livro "Produtividade para quem quer tempo", de Gerônimo Theml, 2016, ele traz uma ideia extremamente interessante, para observarmos.

### 1.1.2.4.1. VIDA VAZIA

Tem tempo, mas não tem resultado

### 1.1.2.4.2. ARRASTADOR(A) DE PEDRA

Tem resultado, mas não tem tempo

### 1.1.2.4.3. MUITO OCUPADO(A)

Sem resultados e sem tempo.

## 1.1.2.4.4. REALIZADOR(A)

Tem resultado e tem tempo.

Diante de tudo que fora visto até aqui, é possível inferir que a Produtividade é a capacidade resolutiva em sua face mais efetiva. Se você tem resultados, e tem tempo, e se torna realizador, aí é onde você realmente se torna alguém produtivo. Gerir seu tempo a ponto de ter resultado e ainda sobrar tempo para si é a chave aqui.

Pense em sua vida como uma organização que necessita de energia para produzir, e o tempo é essa energia, então quanto melhor for a gestão desse tempo, dessa energia, mais a organização pode ser considerada como produtiva, detentora da capacidade efetiva de Produtividade, logo, Realizadora.

Quando todos temos a mesma quantidade de tempo diária, mas alguns conseguem fazer uso produtivo desse tempo, temos os diferenciais que fazem pessoas serem aprovadas, promovidas, premiadas e reconhecidas como pessoas fora da curva em suas respectivas áreas.

Por um dos efeitos colaterais da implementação do Método de Gestão Pessoal Digital ser a Alta Produtividade, o foco em ser Realizador deve permanecer e ser uma meta para você que pretende ter uma real mudança de vida a partir daqui, tendo como recompensa diversos e consecutivos resultados, de forma constante, em tudo que for definido como seu objetivo, e ainda terá tempo de sobra para viver e ser feliz como quiser.

Vamos seguir, de uma vida vazia, por vezes arrastadora pedras, sempre muito ocupada, agora rumo a uma vida de realizações constantes e inimagináveis.

www.metodoeudigital.com.br
contato@metodoeudigital.com.br
(83) 9.9655-5989

Método de
Gestão Pessoal Digital

## 1.1.3. DEFINIÇÕES IMPORTANTES

Veremos a seguir algumas definições que nos guiarão mais a frente, na hora de implementarmos o Método. Esteja atento aos detalhes e procuro avançar apenas quando tiver compreendido o máximo possível.

Já sabemos a importância histórica das Ferramentas e do seu uso, e agora vou te apresentar ao conjunto ferramental que nos acompanhará nessa nova fase existencial digital. Uma ótima notícia é que, diferente dos nossos ancestrais, nós não precisamos **Criar** nenhuma ferramenta!

Nossa missão é compreender o que são as **Ferramentas Físicas** e as **Ferramentas Digitais**, para ajustarmos elas e começarmos a desfrutar do seu uso.

Em seguida serão apresentados alguns termos e definições a mais, e precisamos entender o que cada um é e como funcionarão para facilitar nosso dia a dia.

## 1.1.3.1. FERRAMENTAS FÍSICAS

Chamaremos de Ferramentas Físicas tudo o que é físico e nos auxilia, dentro do mundo digital, no nosso dia a dia.

## 1.1.3.1.1. DEFINIÇÕES BÁSICAS

Nos utilizamos de dispositivos físicos, os quais chamaremos de Ferramentas Físicas. Todos esses dispositivos, que nos interligam através da internet e promovem a comunicação diária a qual já estamos habituados consistem em duas partes; uma física e outra lógica, onde os termos utilizados na informática são hardware e software, respectivamente.

## 1.1.3.1.1.1. HARDWARE

O que chamamos de hardware é toda a parte física da máquina.

Podemos separar os dispositivos mais utilizados em três espécies, **Portáteis**, **Semi-Portáteis** e **Não Portáteis**, onde os dispositivos agrupados compartilham características entre si que abaixo serão descritas:

## 1.1.3.1.1.1.1. PORTÁTEIS

Têm como características comuns entre si o uso diário e a não existência de barreiras locomotoras. São dispositivos geralmente a bateria e que recebem sinal via satélite. Quase sempre quando eu me referir a "Smartfone", também estarei me referindo aos demais Portáteis.

Exemplos:

Smartfone / iPhone     Tablet / iPad

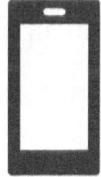

## 1.3.1.1.1.2. SEMI-PORTÁTEIS

Têm como características comuns entre si o uso diário e a existência de algumas barreiras locomotoras. São dispositivos geralmente a bateria, mas que não costumam receber sinal via satélite.

Exemplos:

Notebook / Macbook

## 1.1.3.1.1.1.3. NÃO PORTÁTEIS

Têm como características comuns entre si características comuns entre si o uso quase sempre diário e a existência de diversas barreiras locomotoras. São dispositivos sem bateria e que costumam receber sinal via cabo, com algumas exceções.

Exemplos:

PC de mesa / Mac mini       All in one / iMac

## 1.1.3.1.1.1.2. SOFTWARE OU PROGRAMA

Chamamos de Software ou Programa aquilo que faz funcionar a parte física da máquina (o hardware), criando, gerando e excluindo dados, arquivos etc.

## 1.1.3.1.1.2.1. SISTEMA OPERACIONAL

O Sistema Operacional é o Software principal, primordial em qualquer dispositivo, e é através do Sistema Operacional que diversos programas rodam nos dispositivos e adicionam funcionalidades e dados a ele. Existem sistemas operacionais para dispositivos Portáteis, Semi-Portáteis e para Não Portáteis. Geralmente os sistemas operacionais se encontram na seguinte disposição:

Sistemas Operacionais mais comuns em Portáteis e Semi-Portáteis:

Android                                  iOS

Sistemas Operacionais mais comuns em Não Portáteis:

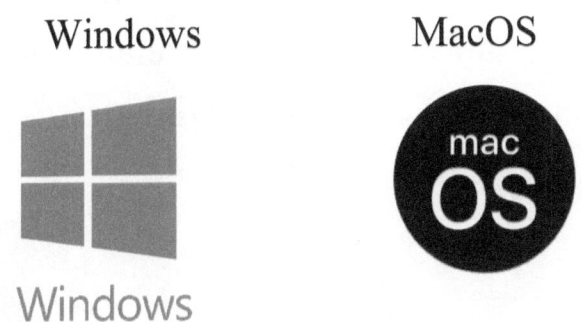

## 1.1.3.1.1.2.2. APP OU APLICATIVO

São aplicações parecidas com os programas de um computador, que também geram dados, mas em aparelhos Portáteis e Semi-Portáteis, estando dentro de um Sistema Operacional.

## 1.1.3.2. FERRAMENTAS DIGITAIS

Tudo o que não é físico e nos auxilia no nosso dia a dia, através das Ferramenta Físicas, nós chamaremos de Ferramentas Digitais.

## 1.1.3.2.1. DEFINIÇÕES BÁSICAS

Falaremos a seguir sobre definições fundamentais, que fazem parte do nosso Ferramental Digital, e em seguida conheceremos os Omniarquivos e Ecossistemas com seus conglomerados de Ferramentas Digitais.

## 1.1.3.2.1.1. DADO

É um registro ou anotação a respeito de um evento ou ocorrência, segundo Chiavenato, 2000. Podendo esse registro ser feito através de um texto, imagem, áudio etc.

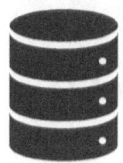

## 1.1.3.2.1.2. INFORMAÇÃO

É um conjunto de Dados com um significado, ou seja, que reduz a incerteza ou que aumenta a o conhecimento a respeito de algo, segundo Chiavenato, 2000.

## 1.1.3.2.1.3. ARQUIVO

Um conjunto de Informações e/ou Dados aglutinados em um só lugar.

# 1.1.3.2.1.3.1. ARQUIVOS E EXTENSÕES MAIS USADAS

Na Informática, todos os arquivos têm uma extensão, que é uma espécie de registro, que descreve a função e/ou que está contido em determinados Arquivos, e é encontrada sempre ao final do nome do arquivo, depois de um ponto. Logo, um áudio pode ser rapidamente indicado dentro de uma pasta, e por um programa reprodutor de áudio, por ter seu nome terminado com a extensão .mp3, por exemplo.

Abaixo listarei algumas das extensões mais utilizadas para que quando você se deparar com alguma delas, futuramente, saiba o que significa e consiga organizar esses Arquivos de forma adequada na sua Nuvem, em breve.

Extensões mais comuns para:

## 1.1.3.2.1.3.1.1. ARQUIVOS DE ÁUDIO (ÁUDIOS)

## 1.1.3.2.1.3.1.2. ARQUIVOS DE VÍDEO (VÍDEOS)

## 1.1.3.2.1.3.1.3. ARQUIVOS DE IMAGEM (IMAGENS)

## 1.1.3.2.1.3.1.4. ARQUIVOS DE TEXTO (DOCUMENTOS)

## 1.1.3.2.1.3.1.5. ARQUIVOS ESPECÍFICOS (DOCUMENTOS)

## 1.1.3.2.1.4. INTERNET

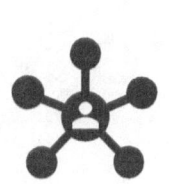

É por onde Dados, Informações e Arquivos são compartilhados, com alcance global, tendo a internet o papel de veículo por onde a comunicação global se concretiza. É algo que faz parte das nossas vidas de forma intensa, mas que a maioria dos usuários não faz ideia do que seja, de forma prática. Podemos conceituar a internet como um grande conjunto de redes de computadores interligadas pelo mundo inteiro. Então, é como se todos os dispositivos do mundo estivessem interligados, se comunicando, trocando dados, informações, arquivos etc. Logo, a internet se caracteriza como um meio, algo como uma rua, ondem passam os dados, informações e arquivos, assim como os carros, motos e pedestres passam em uma via.

## 1.1.3.2.1.5. COMUNICAÇÃO

Ocorre quando uma Informação é transmitida a alguém, sendo compartilhada também por essa pessoa, segundo Chiavenato, 2000.

DADOS

INFORMAÇÕES

ARQUIVOS

INTERNET

COMUNICAÇÃO

Com as informações acima podemos concluir que dados soltos não servem para nada, tendo em vista que são, por exemplo, só áudios, textos ou imagens sem sentido nem contexto algum. Quando esses Dados são reunidos, em um blog, por exemplo, costurando o sentido deles, imagens, textos e áudios tecem a informação.

Seguindo esse mesmo exemplo, quando se há o compartilhamento dessas Informações, baseadas em Dados, temos a Comunicação, que no mundo digital é feita através da Internet, tendo nas suas pontas dispositivos interligados globalmente.

## 1.1.3.2.1.6. NUVEM

A definição de Nuvem é um pouco complexa, portanto, vou facilitar o nosso entendimento aqui. Basicamente é como se você alugasse um galpão, ou uma garagem, onde você irá guardar seus arquivos, simples assim. Seus arquivos vão para esse local alugado e voltam para você através da internet. O que chamamos de Omniarquivo é simplesmente o arquivo que está alocado em Nuvem e tem várias vias de acesso até ele.

## 1.1.3.2.1.7. DATA CENTER

É interessante falarmos sobre Data Center, ou Centro de processamento de Dados, pois eles são a estrutura física por trás da 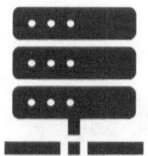 internet e do sistema de Nuvem. Data centers são locais onde se encontra uma quantidade enorme de espécies de computadores que recebem todos os dados da internet e compartilham de volta. Imagine diversas máquinas em um galpão climatizado, e agora imagine centenas desses galpões trocando dados a velocidades enormes, tanto entre si quanto com cada um de nós. Isso é a Internet, fisicamente. Já a Nuvem, de forma prática, é como se você comprasse um pedacinho da internet para você guardar seus arquivos. Fisicamente tudo isso fica guardado em diversos data centers, o que nos traz enorme segurança pois caso um deles pare de funcionar, os nossos dados estarão a salvo em outros.

## 1.1.3.2.1.8. BACKUP

O ato de salvar arquivos e informações digitais é denominado de backup, ou cópia de segurança. Quando enviamos algo diretamente para alguém, através da internet, essa informação só atravessa a internet e pode ser perdida. Já quando enviamos algo para a Nuvem, isso será preservado. Cópias de segurança automáticas e frequentes nos garante que em breve e/ou distante teremos nossa Existência Digital a salvo.

Ainda sobre backup, estamos aqui falando de backup em Nuvem, mas é bom salientar que também existe a possibilidade de outras formas de backup, que seriam formas físicas, onde você põe seus arquivos em uma mídia física, mas isso não nos será útil, pois a manutenção de um backup em mídia física precisa de um esforço e tempo desnecessário para os nossos objetivos.

Futuramente ativaremos o backup automático em todo o nosso Ecossistema. Indico a você que entre em contato com o suporte do seu Ecossistema, caso não seja o Google ou caso tenha dúvidas, para ter mais informações a respeito. Todos os passos para as ativações são possíveis em qualquer Ecossistema, você só precisa confirmar como, no caso do seu ser diferente.

Para te dar uma ajuda deixarei abaixo o link do suporte dos três Ecossistemas que foram falados anteriormente. Caso surja alguma dúvida esses links podem ser extremamente úteis.

**Suporte Google**

https://support.google.com/

## Suporte Microsoft

https://support.microsoft.com/

## Suporte Apple

https://support.apple.com/

# 1.1.3.2.1.9. OMNIARQUIVO

É a junção das palavras Omni+Arquivo, onde a palavra Omni vem do latim ominis ou omne e significa todo ou inteiro, e aqui usaremos seu sentido de existência no todo ou em tudo, já Arquivos são um conjunto de Informações ou Dados aglutinados em um só lugar.

Logo, aqui está uma proposta de neologismo, o Omniarquivo, que seria aquele tipo de arquivo tem seus dados editados de forma compartilhada por equipes, não importando o fator geográfico, através da internet, e este existe na Nuvem, podendo ser acessado por todo os canais de acesso e de edição de Omniarquivos dos Ecossistemas existentes. Ele pode ser compartilhado para coedição e criação, geralmente através de links ou por convite enviado ao e-mail dos participantes, pelo criador do Omniarquivo.

O Omniarquivo existe na Nuvem e podem ser alterados/coeditados e compartilhados de forma simultânea, assim como excluído por vários canais e dispositivos, como se os dados existissem em todos os dispositivos ao mesmo tempo, porém sabemos que ele fica alocado na Nuvem, e é sincronizado nos dispositivos.

Todos os Ecossistemas atuais oferecem a opção de editores de Omniarquivo, assim como a Nuvem que o suporta.

## 1.1.3.2.1.9.1. DEMONSTRAÇÃO

Os Omniarquivos podem ser criados, editados coeditados e excluídos pela grande maioria dos parelhos, mas a critério de demonstração utilizarei abaixo um computador com acesso à internet e um navegador, neste caso o Google Chrome, com um arquivo do Google Docs.

Vamos agora ver na prática como funciona um Omniarquivo, acompanhe os exemplos a seguir.

1 - Indicador de salvamento automático do Omniarquivo na Nuvem
2 - Usuários coeditores
3 - Usuários coeditando

Podemos ver que existe, no canto superior esquerdo, a indicação de salvamento automático na Nuvem, que atualiza o salvamento a cada edição, se você estiver contentado a internet, e caso não esteja a atualização acontece assim que a conexão é retomada. É importante se certificar de que está tudo salvo antes de fechar um editor de um Omniarquivo.

Também é possível ver a identificação dos usuários coeditores no canto superior direito, e por fim podemos ver o ponteiro de cada usuário coeditor, na parte central da imagem, assim como o texto que cada um escreve.

## 1.1.3.2.1.10. CHECKLIST

Chamamos de checklist, ou lista de checagem, todo o texto que descreve tarefas a serem cumpridas em parágrafos que as separam, e que ao final de cada tarefa se faz necessário assinalar a conclusão com o ok ou um sinal de certo na tarefa realizada.

Nos utilizamos disso para tarefas do dia a dia que precisam ser cumpridas e checadas, com uma sequência pré-definida ou não. Um exemplo de checklist é a lista que levamos ao mercado para fazermos uma feira, ou a lista de materiais escolares a serem comprados, por exemplo.

## 1.1.3.2.1.11. ECOSSISTEMA

Para a biologia um Ecossistema é um conjunto formado pelas interações entre componentes de um ambiente em comum, e aqui falaremos de Ecossistemas como um conjunto de Ferramentas, Físicas e/ou Digitais, que interagem e trocam dados, informações e arquivos entre si, ou que ao menos tem uma origem em comum.

As grandes empresas de tecnologia costumam formar ao seu redor um vasto Ecossistema Ferramental. O maior e mais evidente exemplo disso é a Apple, por aglomerar no seu Ecossistema Ferramentas Físicas e Digitais, portanto utilizarei ele para exemplificar a segui em forma de figura.

Colocarei o Ecossistema da Apple com detalhes a figura a seguir, ela exemplifica bem o que é esse Ecossistema do qual falaremos a partir daqui.

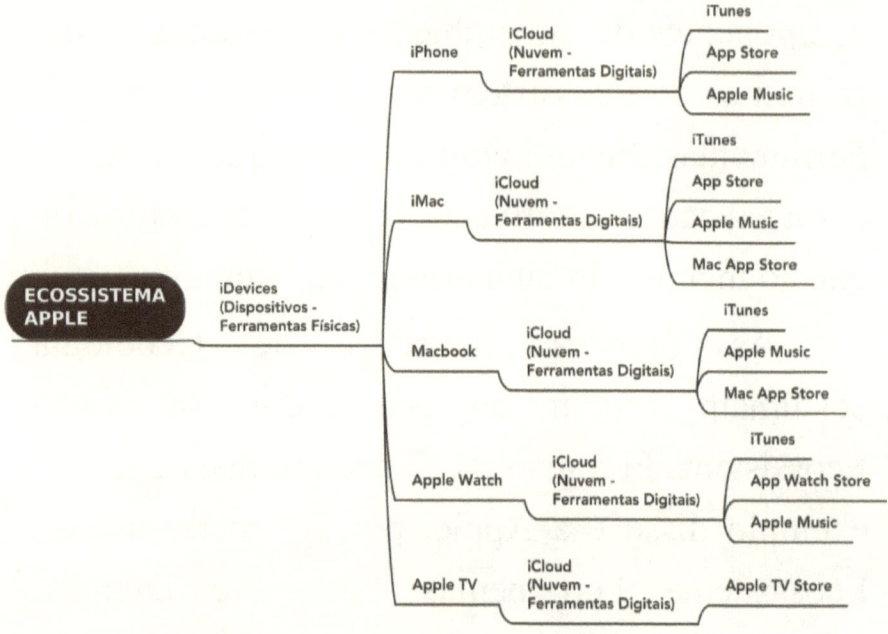

## 1.1.3.2.1.11.1. CARACTERIZAÇÃO

Atualmente os Ecossistemas oferecem Ferramentas em comum, e abaixo listarei o que o caracteriza um Ecossistema:

## 1.1.3.2.1.11.1.1. SERVIÇOS

Todos os Ecossistemas têm como característica comum a gratuidade na maioria de suas Ferramentas e Serviços, sempre  optando por cobrar para que o usuário tenha um adicional, seja em espaço disponível na Nuvem, ou para outro benefício específico.

## 1.1.3.2.1.11.1.2. NUVEM

 Os Ecossistemas também contam com Nuvens como sua central de backups, tendo tudo o que é produzido pelas Ferramentas do Ecossistema, quase sempre, direcionado e salvo na sua Nuvem.

## 1.1.3.2.1.11.1.3. EDITORES DE OMNIARQUIVO

Todos os Ecossistemas possibilitam a criação, edição e colaboração em Omniarquivo, 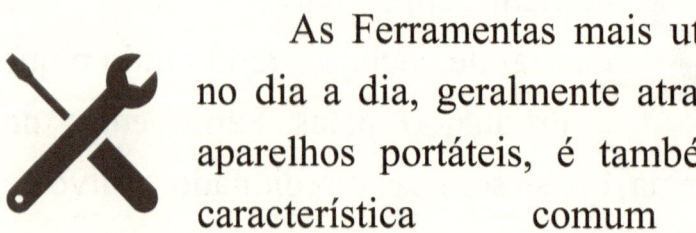 através de aplicativos, online por navegadores, e até offline, tendo seu backup automático sempre que conectado à internet.

## 1.1.3.2.1.11.1.4. FERRAMENTAS ESSENCIAIS

As Ferramentas mais utilizadas no dia a dia, geralmente através dos aparelhos portáteis, é também uma característica comum aos Ecossistemas. Todos têm Agenda de compromissos, Bloco de Notas e Gestor de Fotos e Vídeos, por exemplo, todos funcionando como Omniarquivos.

## 1.1.3.2.1.11.1.5. DIFERENCIAIS ESPECÍFICOS

Ecossistemas tem seus públicos definidos, e os diferenciais específicos de cada um sempre os destacam. Todos têm Ferramentas em comum, como foi visto acima, mas também existem diferenciais, os quais definem quem utilizará cada um e por qual motivo. O Ecossistema Google se caracteriza por ser de utilização pessoal, já o da Microsoft por ser empresarial, e o Apple consegue mesclar as duas características, mas tendendo a ser de uso mais pessoal.

## 1.1.3.2.1.11.2. TIPOS

Agora que temos ciência sobre qual Ecossistema estamos falando aqui, vamos o subdividir em Ecossistemas Prontos e Ecossistema Misto para esclarecermos algumas diferenças e falarmos mais a respeito do que existe a nossa disposição.

## 1.1.3.2.1.11.2.1. ECOSSISTEMAS PRONTOS

São o conjunto de Ferramentas de um único Ecossistema único, que você utilizará no dia a dia, sem a necessidade de recorrer a outro Ecossistema. Abaixo discorreremos sobre alguns exemplos de Ecossistemas Prontos que temos disponíveis.

# 1.1.3.2.1.11.2.1.1. MICROSOFT

A Microsoft oferece um Ecossistema com características empresariais. Sua Nuvem, o OneDrive, oferece planos com dimensões empresariais, tanto na quantidade em gigas, como nas demais Ferramentas disponíveis. Com a Microsoft podemos ter acesso ao editor de textos Word, ao editor de apresentações PowerPoint, e ao editor de planilhas e dados Excel, entre outras tantas Ferramentas, benefícios e características, que você consegue ter acesso os detalhes no link a seguir.

https://www.microsoft.com/pt-br/microsoft-365/buy/compare-all-microsoft-365-products

# 1.1.3.2.1.11.2.1.2. GOOGLE

A Google oferece um Ecossistema Pronto com características mais pessoais. Sua Nuvem, o

Google Drive, oferece planos com dimensões pessoais, tanto na quantidade em gigas, como nas demais Ferramentas disponíveis. Com a Google podemos ter acesso ao editor de textos Google Documentos, ao editor de apresentações Google Apresentações, e ao editor de planilhas e dados Google Planilhas, entre outras tantas Ferramentas, benefícios e características, que você consegue detalhes no link a seguir.

https://workspace.google.com/intl/pt-br/pricing.html

## 1.1.3.2.1.11.2.1.3. APPLE

A Apple oferece um Ecossistema um pouco diferente, com características tanto pessoais como empresariais, isso por seu uso empresarial e pessoal histórico, que envolve diversos fatos e benefícios. Sua Nuvem, o iCloud, oferece planos com dimensões pessoais, tanto na quantidade em gigas, como nas demais Ferramentas disponíveis. Com a Apple não temos acesso a Editor de Textos, Editor de Apresentações, e a Editor de Planilhas, todas essas Ferramentas ficam dependendo da instalação das Ferramentas dos Ecossistemas anteriores para funcionarem nos aparelhos Apple. As Ferramentas do Ecossistema Apple estão disponíveis comumente para quem se utiliza de seus aparelhos, e o foco da Apple é na venda de espaço em sua Nuvem. No link a seguir você pode conferir melhor.

https://support.apple.com/pt-br/ht201238

Apesar de ser considerado um Ecossistema Pronto, o Apple não poderá ser utilizado no Seu EU DIGITAL, pois ele funciona como uma espécie de parasita, quando o assunto são Ferramentas Digitais, ele necessita de Ferramentas de outros Ecossistemas, formando um Ecossistema Misto, o que veremos mais a frente que é algo a se evitar. O Ecossistema Apple dispõe de dispositivos físicos e serviços que não se encaixam no que precisamos aqui, portanto deverá ser descartado, restando apenas optarmos pelo Ecossistema Google ou pelo Ecossistema Microsoft.

## 1.1.3.2.1.11.2.2. ECOSSISTEMA MISTO

Ele passa a existir quando começamos a nos utilizar de Ferramentas de diversos Ecossistemas Prontos diferentes. Chamo atenção aqui para o nosso foco que é a Gestão Pessoal Digital, por isso teremos que definir, mais a frente, um Ecossistema fixo e pronto, para organizarmos nossa vida.

Pessoalmente, faço uso do Ecossistema Pronto da Google na minha vida pessoal e acadêmica, mas o Ecossistema padrão utilizado no meu trabalho é o da Microsoft, logo, não é indicado se fazer uso de mais de um Ecossistema na organização diária da sua vida pessoal, mas isso não impede que você, em outros momentos e âmbitos da vida, lide com outros Ecossistemas. O que você deve ter em mente é que a estrutura aqui proposta, do Seu EU DIGITAL, pode também ser aplicada de forma e específica em todas as esferas da sua vida (pessoal, profissional e acadêmica), separadamente, e a implementação e definição de um Ecossistema Pronto em cada esfera é de extrema importância.

Por fim, **não forme um Ecossistema misto para a criação do Seu EU DIGITAL**, defina o seu Ecossistema Pronto e comece, comigo, a construir sua existência digital.

## 1.1.3.2.1.11.3. QUAL ESCOLHER?

Sabemos o que é um Ecossistema e temos nas mãos as informações necessárias para escolher o nosso. A partir daqui me utilizarei do Ecossistema

Google como referência e exemplo absoluto. Isso não impedirá você de escolher outro, mas caso opte por não seguir com o Ecossistema Google, todas as dúvidas pontuais sobre configuração e uso devem ser sanadas com o suporte do seu Ecossistema. A escolha de um Ecossistema completo e com um bom suporte fará toda a diferença.

Garanto para você que a escolha de um Ecossistema diferente não fará nenhuma diferença na aplicação do Método aqui descrito.

Optarei pelo Ecossistema Google, para exemplificar o Método por ser, no meu entendimento, o mais completo atualmente, e o que mais dispões de Ferramentas para o uso diário. Recomendo fortemente que você faça o mesmo na criação do Seu EU DIGITAL PESSOAL, pois ele é gratuito e simples de se utilizar.

Daremos seguimento ao Método utilizando o Ecossistema Google, o Sistema Operacional Windows da Microsoft para exemplos em computadores, e o Sistema Operacional Androide para exemplos em Smartfones. Por serem os Sistemas Operacionais mais utilizados, assim como o Ecossistema mais usado por consequência do sistema operacional Android ser da Google, acredito que esse conjunto traduz a realidade da grande maioria das pessoas, portanto, essa escolha foi tomada, mas somente a fim de exemplificação. **O Método não sofrerá alterações nem percas em caso de aplicação em ecossistemas diferentes.**

## 1.1.4. BASE TEÓRICA

A seguir teremos a base para o entendimento e futura implementação do Método.

Começaremos por minha proposta, onde trago da evolução humana, encontrada na História, a base para tudo que irá ser seguido no Método de Gestão Pessoal Digital.

Em seguida estará a Gestão Pessoal, outra proposta adaptada para o que necessitaremos aqui, com vários ferramentais teóricos e práticos de diversas vertentes de conhecimento.

## 1.1.4.1. TRÍADE EXISTENCIAL

A fôrma que molda evolução e atual existência humana, enquanto seres sociais que somos, consiste em uma tríade, que chamo de **Tríade Existencial**, e ela é formada por: **1) Criação e Uso, 2) Preservação e 3) Gestão de Tempo.** Em uma simples observação da nossa evolução histórica conseguimos entender cada um desses pilares existenciais.

## 1.1.4.1.1. CRIAÇÃO E USO

Tudo se iniciou pela nossa capacidade de **Criar e Fazer Uso de Ferramentas**, começando por volta de 8000 anos antes de Cristo, em um período denominado como Idade da Pedra

Lascada, que é tido como o mais longo da Pré-História, e talvez seja o mais longo por nossos ancestrais ainda não terem ciência dos outros dois pilares existenciais que viriam nos séculos seguintes.

## 1.1.4.1.2. PRESERVAÇÃO

Continuamos a evoluir por sermos capazes de **Preservar**, a nós mesmos, nossa prole e a tudo que produzimos ao longo do tempo. Isso teve início por volta de 5.500 anos antes de Cristo, com a Revolução Neolítica, onde o homem, antes caçador-coletor e nômade, passa a ser agrícola, se fixando em terras e fazendo **Uso** das suas **Criações (1º pilar)**, assim como **Preservando** a si e a tudo que era de sua responsabilidade e/ou lhe pertencia **(2º pilar)**. Este período trouxe diversos avanços, principalmente na construção do ser social que hoje conhecemos, pois nessa época os nossos ancestrais já se encontravam no meio do caminho existencial.

## 1.1.4.1.3. GESTÃO DE TEMPO

O pilar mais recente é um diferencial que nos destacou ainda mais diante da natureza. A capacidade de ter ciência dos movimentos dos astros, criando métricas como calendários e o conceito de tempo. Por consequência, se observou a necessidade da **Gestão** do ativo mais precioso das nossas vidas, o **Tempo**. O maior retrato da importância desse pilar se encontra em 1903 (depois de Cristo), no livro "Administração de Oficinas" de Taylor, onde ele recomenda a racionalização do trabalho através do estudo dos tempos e movimentos.

Foi **Criando** e se **Fazendo Uso, Preservando**, comprando e fazendo a **Gestão do Tempo** de diversas vidas que conseguimos dar um salto tecnológico absurdo, onde em menos de 150 anos conseguimos saltar das primeiras tentativas de voo (com os irmãos Wright, nos Estados Unidos em 1903) para a conexão global que a Internet nos possibilitou, onde cerca de 59,9% das pessoas de todo o planeta estão conectadas em uma só rede, e podem se conectar através de poucos cliques.

Milhares de anos depois continuamos a seguir todo esse processo de **Criação e Uso**, **Preservação** e **Gestão de Tempo**, sempre de forma intuitiva, até aqui! pois agora você sabe o que é **Tríade Existencial**, e sabe a sua importância evolucional e potencial evolutivo, que nos fez existir como hoje.

Com o advento de novas tecnologias da informação as nossas **Ferramentas** se tornaram outras, assim como a necessidade da **Preservação** e da **Gestão do Tempo.**

O que lhe apresentarei é mais a frente é um Método, didático, que traz a estrutura da evolução histórica de nossa espécie, a **Tríade Existencial**, aplicada a nossa realidade, em um mundo Digital, ao qual precisamos nos inserir. A coexistência neste mundo Digital não é mais uma escolha, e assim como nossos antepassados tiveram que se desenvolver para existir na realidade em que eles viviam, te convido a entrar de vez nessa Revolução Digital, mas agora da forma mais adequada e efetiva possível, para que seus descendentes possam usufruir de seus resultados e legado, assim como usufruímos das sociedades que foram construídas, preservadas e aprimoradas ao longo da história.

## 1.1.5. GESTÃO PESSOAL

A Gestão Pessoal, ou Autogestão, diz respeito, no contexto desse Método, a como e com quais ferramentas cada indivíduo estrutura a sua vida em prol de seus objetivos, transformando estes objetivos em ações diárias (Hábitos), que fazem com que as pessoas que têm noção da importância da Gestão Pessoal sempre saiam na frente em tudo que elas fazem, pois não é apenas viver, é viver e agir com Método, encarando a vida e o tempo com a seriedade necessária, como um bem precioso a ser gerido.

## 1.1.5.1. PRINCÍPIOS

A **Gestão Pessoal** conta com uma **Tríade**, os **Três Princípios** que tem de estar sempre em sua mente a partir de agora. O primeiro é o Princípio da visão pessoal, onde você irá se impor como criado, já o Segundo é o Princípio da liderança, onde você irá criar seus objetivos, e por último temos o Princípio da Real implementação, onde será finalmente Realizado o processo que fora desenvolvido nas etapas anteriores. Agora vamos conhecer cada um detalhadamente a seguir.

## 1.1.5.1.1. PRINCÍPIO DA VISÃO PESSOAL

**VOCÊ É O CRIADOR**

O Princípio é denominado de "você é o criador", no sentido de que o seu dia a dia é definido e criado por você, sendo o único que está no comando da sua vida e é o responsável pela criação de Rotinas e Hábitos, de acordo com seus objetivos. Sua visão pessoal de comando se torna necessária.

## 1.1.5.1.2. PRINCÍPIO DA LIDERANÇA PESSOAL

**CRIE SEUS OBJETIVOS**

Esse Princípio é denominado de "crie seus objetivos", onde o foco está em você ter plena ciência de onde se encontra e para onde quer caminhar. Tendo você o local de partida e o destino, basta se utilizar do Seu EU DIGITAL para chegar a seus objetivos criados, com velocidade e efetividade na realização.

## 1.1.5.1.3. PRINCÍPIO DA REAL IMPLEMENTAÇÃO

**REALIZE**

Contando com Hábitos diários e consistência nisso, este princípio é denominado de "realize". Após ter ciência da sua rotina, com base em seus objetivos, vamos focar aqui no ponto três, onde você irá realizar, aplicando a Gestão Pessoal, no processo de tomar o controle da sua vida (Princípio 1), definir objetivos (Princípio 2) e após realizar

(Princípio 3) sempre recomeçar esse processo constante de Gestão Pessoal.

Na implementação da sua Gestão Pessoal temos um subtópico importantíssimo do Realizar, como veremos abaixo.

## 1.1.5.1.3.1. PRIMEIRO O MAIS IMPORTANTE

**PRINCÍPIO DA SÍNTESE OU DA COMPOSIÇÃO DE RENÉ DESCARTE**

René descartes foi um filósofo, físico e matemático francês. Ele foi criador de, dentre outras tantas coisas de grande importância, o princípio da síntese ou da composição, que consiste em um processo racional com ordenamento dos pensamentos, dos mais fáceis e simples para os mais difíceis e complexos. Isso será usado em diversas esferas da nossa vida, sempre devendo focar no que é possível fazer hoje para que estejamos amanhã um passo mais perto de realizar nossos objetivos.

## 1.1.5.2. GESTÃO PESSOAL DE TEMPO

Gestão Pessoal de Tempo é o aparato teórico que direcionará você a como e com que ferramentas gerir seu bem mais escasso e precioso (o seu TEMPO). Aqui você verá os conceitos que embasam e estruturam a melhor forma de como gerir suas horas disponíveis a cada dia.

Veremos duas ferramentas, as primeiras são organizadores, e a segunda é a Matriz de Gestão de Tempo, que nos ajudará a listar nossos objetivos, os quais dedicaremos tempo e esforço ou descartaremos, de acordo com o que for observado após a aplicação dessa ferramenta.

Vamos primeiro conhecer e aprender a usar os organizadores que estarão conosco em nossa vida daqui em diante. Após veremos a Matriz de Gestão de Tempo, uma ferramenta poderosa que faremos uso mais à frente.

## 1.1.5.2.1. ORGANIZADORES

Chamamos de organizadores as Ferramentas Digitais que nos auxiliam na organização da nossa rotina diária gerindo objetivos junto ao tempo dedicado a eles.

Temos dois níveis de organizadores, onde os organizadores de nível 1 nos ajudarão no cumprimento de tarefas diárias, e os de nível 2 em tarefas de curto e longo prazo, mas com maior foco em agendamentos. Abaixo te mostrarei os níveis e quais organizadores utilizaremos, assim como as funções deles.

# 1.1.5.2.1.1. ORGANIZADOR DE NÍVEL 1

**BLOCO DE NOTAS**

O bloco de notas do Ecossistema Google, por exemplo, se chama Google Keep, e ele tem diversas funções que ajudarão em listas de checagem e em nossas anotações diárias. Com ele conseguiremos criar notas, ativar caixas de seleção para a criação de Checklists, e poderemos também etiquetar nossas notas, assim como colorir cada uma. É possível ainda adicionar textos, imagens, rabiscar estas imagens e integrar esse bloco de notas à nossa agenda de eventos, onde poderemos criar um lembrete dentro da nossa agenda para o cumprimento de uma lista de checagem, por exemplo. Este organizador trabalha com Omniarquivo, e todos os dados colocados nele tem sincronização automática, podem ser acessados por diversos aparelhos, e pode ser compartilhado para edição e colaboração online simultânea.

## 1.1.5.2.1.2. ORGANIZADOR DE NÍVEL 2

**AGENDA DE EVENTOS**

A agenda de eventos do Ecossistema Google, por exemplo, se chama Google Agenda, e ela tem diversas funções que também nos ajudarão em nossa vida pessoal e no cumprimento e agendamento de compromissos diários. Com ela conseguiremos criar objetivos, lembretes, tarefas e eventos, com opção de colorir e organizar tudo de forma fácil e simples. Ainda é possível ter a integração dessa agenda a diversas outras Ferramentas, tanto do próprio Ecossistema Google, como de fora, e dois exemplos dessa integração possível são o próprio Keep, que cria lembrete de suas notas, e o Google Meet, onde conseguimos criar um evento e já agendar uma chamada pelo Meet, gerando de imediato o link da chamada já na criação do evento, entre outras tantas possibilidades. Este organizador também trabalha em forma de Omniarquivo e todos os dados colocados nele tem sincronização automática, podem ser acessados por diversos aparelhos, e pode ser compartilhado para edição e colaboração online.

## 1.1.5.2.2. MATRIZ DE GESTÃO DE TEMPO

Lhe apresento aqui a Matriz Gestão de Tempo ou Matriz de Eisenhower. Ela é uma ferramenta organizacional e com ela vamos classificar nossos objetivos diários, de tal forma que conseguiremos criar uma ordem de prioridades.

"A Matriz de Eisenhower é atribuída a Dwight Eisenhower, que foi general do exército americano antes de ser presidente dos Estados Unidos entre 1953 e 1961."

https://rockcontent.com/br/blog/matriz-de-eisenhower/

Observe abaixo a matriz, ela é simples e seu uso é bastante intuitivo.

| URGENTE | NÃO URGENTE |
|---|---|
| 1º QUADRANTE - URGENTES | 3º QUADRANTE - FUTUROS |

**IMPORTANTES**

| 1º QUADRANTE - URGENTES | 3º QUADRANTE - FUTUROS |
|---|---|
| 01 - | 01 - |
| 02 - | 02 - |
| 03 - | 03 - |
| 04 - | 04 - |
| 05 - | 05 - |
| 06 - | 06 - |
| 07 - | 07 - |
| 08 - | 08 - |
| 09 - | 09 - |
| 10 - | 10 - |
| 11 - | 11 - |
| 12 - | 12 - |
| 13 - | 13 - |
| 14 - | 14 - |
| 15 - | 15 - |
| 16 - | 16 - |
| 17 - | 17 - |
| 18 - | 18 - |
| 19 - | 19 - |
| 20 - | 20 - |

**NÃO IMPORTANTES**

| 2º QUADRANTE - NECESSÁRIOS | 4º QUADRANTE - DESCARTÁVEIS |
|---|---|
| 01 - | 01 - |
| 02 - | 02 - |
| 03 - | 03 - |
| 04 - | 04 - |
| 05 - | 05 - |
| 06 - | 06 - |
| 07 - | 07 - |
| 08 - | 08 - |
| 09 - | 09 - |
| 10 - | 10 - |
| 11 - | 11 - |
| 12 - | 12 - |
| 13 - | 13 - |
| 14 - | 14 - |
| 15 - | 15 - |
| 16 - | 16 - |
| 17 - | 17 - |
| 18 - | 18 - |
| 19 - | 19 - |
| 20 - | 20 - |

## ANEXO 01 - MATRIZ DE GESTÃO DE TEMPO https://www.metodoeudigital.com.br/downloads

www.metodoeudigital.com.br
contato@metodoeudigital.com.br
(83) 9.9655-5989

Método de
Gestão Pessoal Digital

Após a distribuição de objetivos, na Matriz de Gestão de Tempo, eles ficarão dispostos como:

## 1.1.5.2.2.1. URGENTES

O quadrante um da nossa Matriz é onde se encontrarão os objetivos urgentes e importantes que devem ser priorizados, por estes objetivos acrescentarem valor e terem a necessidade de resolução imediata.

## 1.1.5.2.2.2. NECESSÁRIOS

Os objetivos colocados no quadrante dois tem tanta prioridade quanto os do quadrante um, mas a diferença é que eles não acrescentam valor.

## 1.1.5.2.2.3. FUTUROS

O quadrante três terá os objetivos que podem aguardar mais um pouco, mas que são de valor e deverão ser cumpridos, assim que os anteriores tenham sido finalizados.

## 1.1.5.2.2.4. DESCARTÁVEIS

O quadrante quatro comportará os objetivos que não acrescentam valor e nem necessitam de resolução imediata. O que estiver neste quadrante deverá ser excluído, pois não é do nosso interesse investir tempo em algo desnecessário, que não nos gera valor e realmente não precisa ser feito.

## 1.2. MÉTODO

Agora quero te apresentar a estrutura do Método de Gestão Pessoal Digital, que consiste em algo que já conhecemos, a **Tríade Existencial**, mas agora adaptada a nossa realidade e necessidade de existência no mundo Digital. Portanto, apresento-lhe a nossa **Tríade Existencial Digital**, que consiste em: **1) Ferramentas**, **2) Backup** e **3) Gestão Pessoal**. Apesar de simples, a prática deste Método o torna poderoso. Estude com calma essa **Tríade Existencial Digital** e memorize bem estes pilares, pois fundamentarão todo o Método.

## 1.2.1. TRÍADE EXISTENCIAL DIGITAL

No século das tecnologias e avanços digitais é extremamente necessário existirmos digitalmente. Para que os objetivos de alta produtividade e performance diária sejam alcançados, através da Gestão Pessoa Digital, precisamos construir e ajustar o nosso EU DIGITAL, assim todo o restante fluirá.

A ideia aqui é que com a estrutura do Seu EU DIGITAL, que é o Método em sua versão implementada. a sua vida flua de forma leve e segura, te levando a níveis de alta performance e produtividade jamais vistos e em todos os âmbitos da sua vida.

O Método de Gestão Pessoal Digital, denominado de EU DIGITAL, consiste em uma tríade básica, simples e poderosa quando posta em ação.

Te apresento a seguir, detalhadamente, a **Tríade Existencial Digital** que irá estruturar o Seu EU DIGITAL:

## 1.2.1.1. FERRAMENTAS

As Ferramentas darão suporte durante sua rotina diária no mundo Digital. A boa notícia é que elas já foram **Criadas**, e basta que você as **Use** ao seu favor, como lhe mostrarei em breve.

## 1.2.1.2. BACKUP

O Backup é de extrema importância para que tudo o que é seu seja **Preservado**, salvo, sincronizado, mantido e posto à disposição sempre que necessário e isso será possível através das Ferramentas, que também veremos em breve.

## 1.2.1.3. GESTÃO PESSOAL

Com as suas Ferramentas, conceitos específicos da **Gestão de Tempo** e com todo o suporte dos pilares anteriores (**Ferramentas** e **Backup**), a sua produtividade e performance diária chegarão a patamares jamais visto antes.

Simples, não? Agora bora começar!

## CONCLUSÃO

Nesse capítulo foi exposta a minha trajetória de desenvolvimento pessoal e alta performance produtiva, onde consegui chegar a ser sete vezes mais produtivo em menos de dez anos. Também foram postos os motivos para a construção do Método, trazendo à tona também a necessidade de sua implementação para uma efetiva existência do Digital, tendo consequências produtivas inevitáveis.

A produtividade também esteve foco, com o conceito de Realizador trazido como algo a ser alcançado muito em breve.

Foi exposta, também, a base teórica necessária para prosseguirmos, assim como a estrutura do Método, e como o capítulo seguinte trará o EU DIGITAL, que é o Método de Gestão

Pessoal Digital aplicado à sua vida, aconselho que se observe bem o resumo mental a seguir, para que com todos os conceitos deste capítulo você possa finalmente conhecer o EU DIGITAL e o compreender de forma integral e efetiva, sabendo como se dará a aplicação do Método nessa construção e implementação que virá no capítulo seguinte.

# RESUMO MENTAL

## ANEXO 03 - RESUMO MENTAL GERAL

https://www.metodoeudigital.com.br/downloads

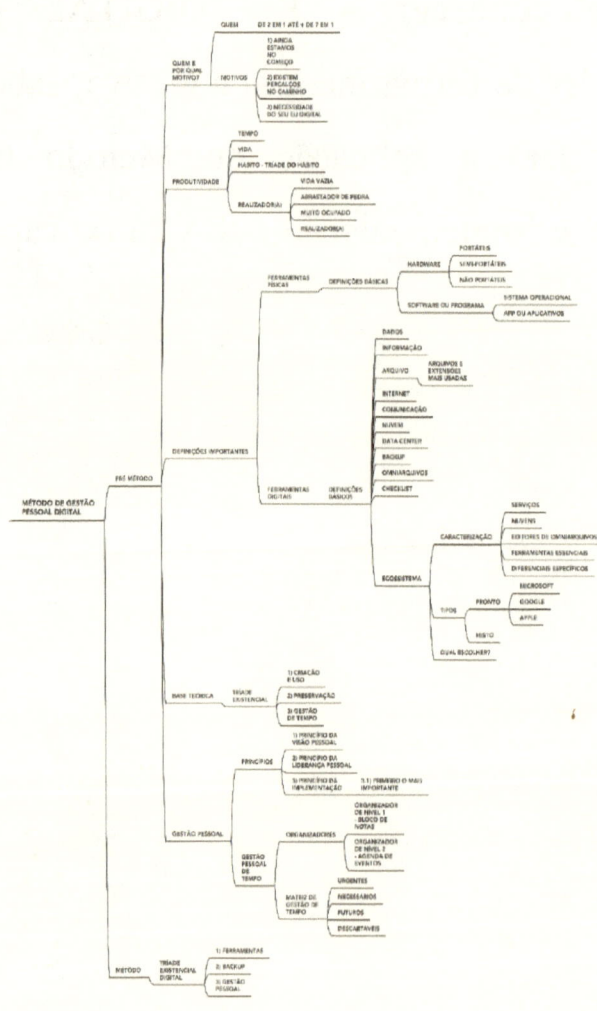

www.metodoeudigital.com.br
contato@metodoeudigital.com.br
(83) 9.9655-5989

Método de
Gestão Pessoal Digital

## 2. EU DIGITAL

**CONSTRUÇÃO, AJUSTES E IMPLEMENTAÇÃO**

Lembra daquela construção do foguete? que irá lhe levar para mais dos seus sonhos, mencionada lá no início, pois é, começaremos agora.

Você já conheceu o Método de Gestão Pessoal Digital e sua estrutura, agora é hora de pôr tudo em prática.

A Dinâmica aqui se dará da seguinte forma; teremos algumas tarefas para a construção do Seu EU DIGITAL, e tudo será devidamente embasado e facilitado ao longo do processo.

Ao fim dessa jornada você contará com uma Checklist da construção, ajuste e implementação do Seu EU DIGITAL, e terá todo o suporte necessário caso necessite, ao final.

Lembre-se que tudo que virá a seguir é uma versão prática do que está no Método de Gestão Pessoal Digital. Caso surja alguma dúvida busque revisar o Método o mais rápido possível para que a implementação Seu EU DIGITAL não demore.

## 2.1. CAMPOS DE APLICAÇÃO

Um ponto extremamente importante, antes de finalmente começarmos, é você compreender que sua **Vida** se divide em no mínimo em **3 esferas**; **Vida Pessoal, Vida Profissional** e **Vida Acadêmica**. Tendo ciência de que a **Gestão Pessoal Digital** deve ser aplicada de forma independente em cada uma dessas esferas.

**Lhe recomendo focar na implementação do Seu EU DIGITAL PESSOAL, e depois criar**

Seu **EU DIGITAL PROFISSIONAL e ACADÊMICO.**

## 2.2. FERRAMENTAS

CONSTRUÇÃO E AJUSTES

ATENÇÃO: Todos os tópicos, que tiverem esta figura (✖), devem ser postos em prática exatamente como for indicado no texto.

## 2.2.1. CONFIGURAÇÃO DO ECOSSISTEMA

Chegamos ao início da criação de sua vida e existência digital. Lhe peço que me siga em tudo o que farei aqui, e que não deixe passar nenhum detalhe.

Como foi informado anteriormente, me utilizarei do Ecossistema Google, e todos os passos a seguir serão dentro dele. Caso esteja em outro Ecossistema, peço que compreenda cada passo e adeque a sua realidade.

A seguir lhe ajudarei no passo a passo para a criação do Seu EU DIGITAL, que consiste na configuração previa para futuro uso diário do seu Ecossistema escolhido, em prol da sua Gestão Pessoal Digital. Abaixo descreverei os passos a serem seguidos para começarmos:

## 2.2.1.1. CRIAÇÃO DE CONTA

Vamos acessar o primeiro link a seguir e criar nossa conta no Google Workspace. Caso não consiga siga o tutorial do segundo link abaixo.

**Crie a conta**

https://workspace.google.com/

**Tutorial**

https://support.google.com/accounts/answer/27441?hl=pt-BR

É importante que você guarde login e a senha dessa conta, pois Seu EU DIGITAL dependerá disso. É importante também que você tenha total acesso ao e-mail cadastrado junto a essa conta, para eventuais recuperações de senha.

## 2.2.1.2. ORGANIZAÇÃO DA NUVEM

Precisamos organizar nossa Nuvem para que futuramente possamos utilizar ela da melhor forma possível. Recomendo que você crie uma pasta denominada "Backup Geral", no começo da Nuvem, e dentro crie as pastas "Backup PC" e "Backup Portáteis", onde dentro de cada uma dessas duas você deverá criar as pastas "Documentos", "Imagens", "Áudios", "Vídeos". Com a seguinte disposição exemplificada:

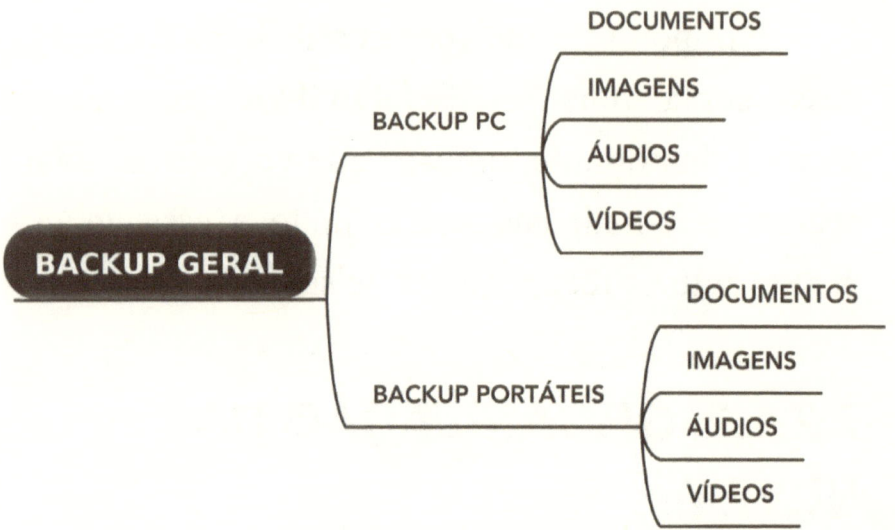

Caso precise deixarei a seguir o link para o tutorial de como se cria uma pasta no Google Drive.

## Tutorial

https://support.google.com/drive/answer/2375091?co=GENIE.Platform%3DDesktop&hl=pt-BR

**Obs.:** Mais a frente, quando for dispor seus arquivos na sua Nuvem, todos os arquivos que não se caracterizarem como Imagem, Áudio e/ou Vídeo deverão ser tidos como Documentos.

Organizada a nossa Nuvem já podemos seguir para o próximo passo.

## 2.2.1.3. AJUSTE NOS DISPOSITIVOS

Faremos agora o salvamento e a instalação de todas as Ferramentas que nos acompanharão na nossa existência digital daqui em diante, nos dispositivos Não-Portáteis, Semi-Portáteis e Portáteis.

## 2.2.1.3.1. NÃO PORTÁTEIS

Precisaremos apenas de um navegador e da Nuvem instalada no nosso computador sendo o primeiro para termos acesso a todo o Ecossistema de forma online, e o segundo para que nossos arquivos sejam sincronizados automaticamente todas as vezes que ligarmos o computador ou que alterarmos os arquivos, em suas respectivas páginas.

## 2.2.1.3.1.1. NAVEGADOR

Instalaremos o Chrome com a ajuda do navegador já existente na sua máquina. Optaremos por esse novo navegador por ele ser um dos melhores disponíveis, ter opções organizacionais interessantes e por ele fazer parte do nosso Ecossistema Google. Ele está disponível para Windows e MacOS.

**Tutorial**

https://support.google.com/chrome/answer/95346?co=GENIE.Platform%3DDesktop&hl=pt-BR

## 2.2.1.3.1.2. ORGANIZAÇÃO DO NAVEGADOR

Faremos agora a organização da barra de favoritos do seu Navegador, onde criaremos algumas pastas e vamos adicionar aos favoritos todas as nossas Ferramentas para uso posterior.

## 2.2.1.3.1.1.1. LOGIN COM SUA CONTA

Siga o passo a passo e entre na conta que criamos anteriormente no navegador.

**Tutorial**

https://support.google.com/chrome/answer/185277?co=GENIE.Platform%3DDesktop&hl=pt-BR

## 2.2.1.3.1.1.2. BARRA DE FAVORITOS

Siga a sequência descrita abaixo. Caso tenha dúvidas ou não saiba como fazer, deixarei o tutorial mais abaixo.

**1)** Crie pastas, ao seu gosto e de acordo com sua rotina, para organizar os sites mais acessados por você.

**2)** Adicione seus sites favoritos e todas as Ferramentas do Seu Ecossistema nas pastas criadas.

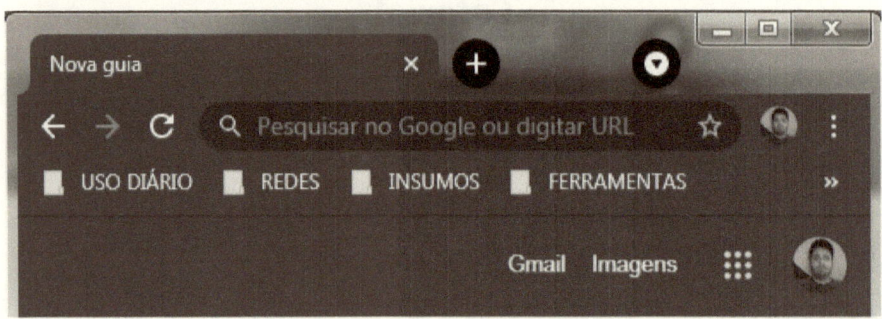

## Tutorial

https://support.google.com/chrome/answer/188842?co=GENIE.Platform%3DDesktop&hl=pt-BR

Temos a estrutura de acesso ao Seu EU DIGITAL, criada dentro do seu navegador, mas antes de seguirmos, preciso lhe informar alguns pontos sobre Chrome e alguns cuidados que você deve tomar com todos os navegadores. O primeiro e mais importante é você evitar entrar na sua conta em computadores que não forem seus, pois o ideal é que todas as suas senhas, histórico e sites favoritos fiquem salvos nesta conta, e quando você entrar nela em um computador que não é seu, todas essas informações serão sincronizadas.

Caso precise entrara na sua Conta Google em um computador, que não seja o seu, tente fazer isso através de uma janela anônima.

## Tutorial

https://support.google.com/chrome/answer/95464?co=GENIE.Platform%3DDesktop&hl=pt

**Obs.:** Caso entre na sua conta Google em um Chrome de um computador que não seja seu, para usufruir de seus dados, ou por algum outro motivo, tenha o cuidado de sair da sua conta, e de excluir toda a sincronização.

## Tutorial

https://support.google.com/chrome/answer/185277?co=GENIE.Platform%3DDesktop&hl=pt-BR

# 2.2.1.3.1.2. NUVEM

Agora vamos baixar e instalar a nossa Nuvem no computador, para sincronização de tudo. O funcionamento da Nuvem é simples, tudo que você põe na pasta da Nuvem, que você definirá na instalação, fica sincronizado, e você terá acesso de forma omni a aqueles arquivos, e tudo que você apaga da pasta também é apagado da Nuvem. Ela tanto sobe arquivos do computador como também baixa arquivos da Nuvem para o dispositivo (sincronização de arquivo), e geralmente esse processo todo inicia quando você liga o seu computador. Para instalar e usufruir da sua Nuvem é só seguir os passos a do tutorial abaixo:

**Tutorial**

https://www.techtudo.com.br/dicas-e-tutoriais/noticia/2016/04/como-instalar-o-google-drive-no-pc-ou-mac.html

## 2.2.1.3.2. SEMI-PORTÁTEIS E PORTÁTEIS

Nos Semi-Portáteis e Portáteis de uso diários, utilizaremos uma gama de Ferramentas do nosso Ecossistema. Siga todos os passos a seguir.

## 2.2.1.3.2.1. INSTALAÇÃO DE APPS

Começaremos instalando todos os apps da lista a seguir, pela sua loja de apps (Google Play ou App Store). Caso não saiba como segue o tutorial de como instalar um app abaixo:

**Tutorial para Android**

https://www.techtudo.com.br/dicas-e-tutoriais/2018/01/como-instalar-aplicativos-no-android.ghtml

**Tutorial para iOS**

https://support.apple.com/ptbr/HT204266

## 2.2.1.3.2.1.1. E-mail

Baixe o "Gmail" e faça login com sua conta Google, que já criamos anteriormente.

## 2.2.1.3.2.1.2. Navegador

Baixe o Google Chrome e sincronize tudo com sua conta Google.

## 2.2.1.3.2.1.3. Nuvem

Baixe o Google Drive e entre na sua conta Google.

## 2.2.1.3.2.1.4. Agenda

Baixe o Google Agenda e entre na sua conta Google.

## 2.2.1.3.2.1.5. Bloco de Notas

Baixe o Google Keep e entre na sua conta Google

## 2.2.1.3.2.1.6. Álbum de Fotos

Baixe o Google Fotos e entre na sua conta Google.

## 2.2.1.3.2.1.7. Agenda de Contatos

Baixe o Google contatos e entre na sua conta Google.

Após a instalação e login em todos os apps, com sua conta Google, está tudo pronto para prosseguirmos.

## 2.2.1.3.2.2. ORGANIZAÇÃO DE ATALHOS

Para que você possa ter um alto rendimento diário, tudo precisa estar organizado e no seu devido lugar. Com esse pensamento vamos organizar toda a estrutura dos aparelhos que lhe acompanham diariamente. É extremamente importante que você não perca tempo buscando apps ou informações no seu dia a dia, e para isso vamos organizar a sua tela inicial, definindo widgets e separando os aplicativos mais usados em grupos, assim, quando você for buscar algo na tela inicial já conseguira ter uma noção rápida de onde tudo está, e com o tempo de uso você irá se acostumar e já poderá ir direto ao que deseja.

## 2.1.3.2.2.1. WIDGETS

O termo se refere aos pequenos aplicativos que flutuam pela área de trabalho dos dispositivos e fornecem funcionalidades específicas ao utilizador.

Exemplos:

Essa é uma parte importante em prol do nosso desempenho diário. Nós destacaremos na tela inicial os apps que você mais utilizará daqui para a frente, dentre aqueles que fazem parte do Ecossistema ou não.

## 2.2.1.3.2.2.2. COMO ADICIONAR UM WIDGETS

Seguem os tutoriais de como adicionais widgets em seus portáteis.

**Tutorial para Android e iOS**

https://canaltech.com.br/apps/como-usar-widgets-telegram/

## 2.2.1.3.2.2.3. AGENDA

Coloque o widget do Google Agenda em sua tela principal, preenchendo o máximo possível, pois isso trará uma enorme praticidade para o seu dia a dia e nos seus agendamentos futuros.

## 2.2.1.3.2.2.4. BLOCO DE NOTAS

Do mesmo modo da agenda coloque o widget do Google Keep em sua tela inicial, isso trará uma praticidade absurda para o seu dia a dia e em suas anotações e checagens de listas futuras.

## 2.2.1.3.2.2.5. CLIMA

Por fim, coloque o widget do clima em sua tela inicial, pois é importante saber do clima para que você possa se programar a curto e longo prazo, diariamente.

## 2.2.1.3.2.2. GRUPOS DE APPS

Faça exatamente como for descrito abaixo. A organização dos aplicativos, em grupos, será muito útil para o seu dia a dia.

Separe todos os seus apps, os do Ecossistema e os de uso normal nesses grupos, conforme direcionado abaixo:

## 2.2.1.3.2.2.1. ORGANIZACIONAL

Aqui ponha os apps do seu Ecossistema e outros que costuma usar diariamente, tais como alarme, editores de texto, entre outros.

## 2.2.1.3.2.2.2. REDES

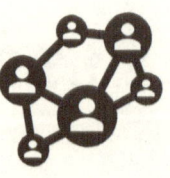

Aqui ponha todas as suas redes sociais, Instagram, Twitter, Facebook, E-mail, tudo que você usa para manter contato com o mundo pela internet.

## 2.2.1.3.2.2.3. FINANÇAS

Aqui ponha todos os apps de banco e coisas referentes a sua vida financeira

## 2.2.1.3.2.2.4. TRANSPORTE

Aqui ponha os apps que te auxiliar no transporte, mapas etc.

## 2.2.1.3.2.2.5. FERRAMENTAS

Aqui ficarão os apps por onde você desfruta das funcionalidades do smartfone, tais como o app de ligação, de mensagens, as configurações, sua loja de aplicativos e até o acesso a câmera e a galeria de fotos

## 2.2.1.3.2.2.6. ÚTEIS

São apps que você não usa com frequência, e/ou que não se encaixam em nenhum grupo anterior, mas que você gostaria de mantê-los na sua tela inicial.

Um detalhe interessante é que o grupo com os apps mais utilizados deve ficar do lado inferior direito, já os grupos com apps importantes para o dia a dia organizacional deve ficar do lado inferior esquerdo (isso vale se você for destro, caso seja canhoto inverta a lógica), e os grupo menos utilizados sempre devem ficar ao centro. Nunca ponha nenhum app ou grupo na parte superior, não é prático.

## 2.2.1.3.2.2. RESULTADO

A organização de atalhos e grupos, nos portáteis, deve ficar como no print a seguir:

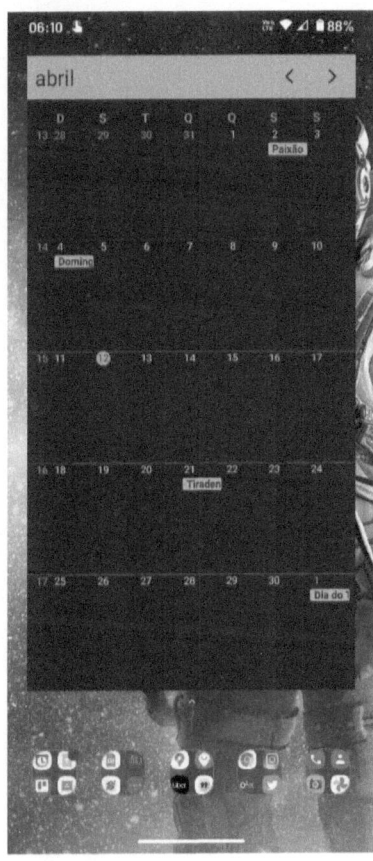
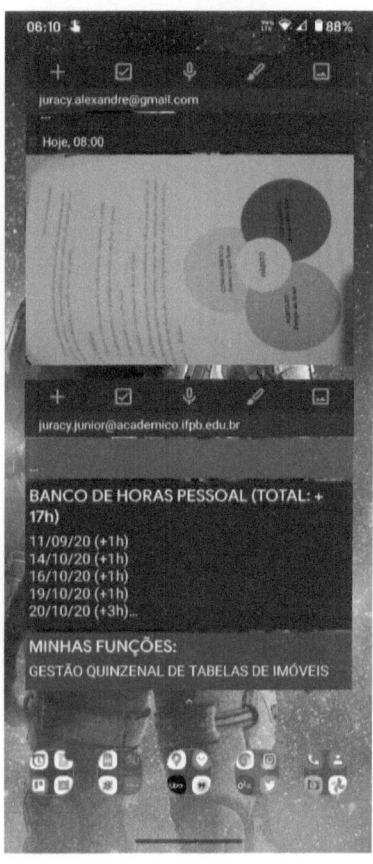

Se você implementou todas as configurações e ajustes acima, parabéns! a estrutura Ferramental do Seu EU DIGITAL está pronta.

## 2.3. BACKUP

CONSTRUÇÃO E AJUSTES

A tríade da construção do Seu EU DIGITAL (**Tríade Existencial Digital**) precisa do backup para existir e se **Preservar**. Não existe coisa pior do que perder dados, fotos da família, informações e arquivos importantes. Isso se torna ainda mais decepcionante quando percebemos o quanto ações simples poderiam ter feito fazer toda a diferença.

Tenha ciência de que a qualquer momento, por qualquer motivo que seja, você está exposto ao risco de perder coisas que lhe são importantes, sobre pessoas e/ou momentos da sua vida de extrema importância.

Planos de saúde e seguros diversos custam fortunas ao longo da vida, e a preservação dos seus dados podem te fazer economizar fortunas em forma de tempo economizado, com atitudes simples e frequentes.

Estaremos diariamente produzindo dados, informações, nos utilizando de arquivos, e tão importante quanto a produção e o omni uso é a preservação. A importância do backup é óbvia e clara, mesmo assim ainda continuamos sem dar a devida atenção a isso.

Este é um dos mais importantes pontos do Método, mas também é o mais simples, pois todas as Ferramentas do nosso Ecossistema, junto à Nuvem, nos darão suporte para isso.

## 2.3.1. AUTOMATIZAÇÃO EM DISPOSITIVOS

É extremamente importante ativarmos o backup automático, e conferirmos com frequência se tudo está ok. A seguir vamos fazer essa ativação e agendar a checagem frequente do backup dos seus arquivos.

**De forma alguma negligencie qualquer coisa relacionada ao backup de seus arquivos.** Lembre-se que nesse aspecto é melhor pecar pelo excesso do que pela omissão (o famoso prevenir para não remediar).

## 2.3.1.1. NÃO PORTÁTEIS

Sabemos como funciona a dinâmica da Nuvem instalada no computador, agora vamos ativar a sincronização automática e **criaremos o Hábito** de **sempre** estar levando **arquivos importantes** para dentro da pasta "backup", e sempre colocando os arquivos em suas respectivas pastas, de acordo com sua característica (imagens, vídeo, documento...)

Siga o tutorial a seguir, e no tópico 3 selecione a pasta "Backup PC". Já no tópico 4 escolha a pasta de mesmo nome ("Backup PC"), já criada anteriormente na nossa Nuvem no tópico

"Organização de Nuvem", para ser sincronizada. Ela será o elo entre sua Nuvem e seu PC, e tudo que você colocar dentro da pasta Backup PC virará um Omniarquivo.

**Tutorial**

https://tecnoblog.net/218908/tutorial-google-drive-backup/

Ao fim do uso do seu computador sempre pegue os arquivos que considerar importante e coloque dentro da pasta Backup PC, distribuindo os arquivos de acordo com a sua extensão (documento, música, imagem...), em suas pastas referentes.

## 2.3.1.2. SEMI-PORTÁTEIS E PORTÁTEIS

Nossa dinâmica de backup com os aparelhos Semi-portáteis e Portáteis será diferenciada, isso por termos três aplicativos de extrema importância, para que tenhamos nossos dados a salvo. Abaixo descreverei quais são e o que devemos fazer para preservarmos nossa existência digital.

## 2.3.1.2.1. IMAGENS

Com o nosso Ecossistema Google temos a ferramenta Google Fotos, que é nativa do android e pode ser baixada nos demais aparelhos. Aqui resolveremos a questão da segurança dos Arquivos de Imagem, que sempre são os primeiros a serem perdidos. Este app oferece a opção de backup, e após o backup você pode apagar o arquivo do seu aparelho, onde a imagem passa a estar segura na Nuvem e não mais ocupará espaço em seu aparelho.

Esta função é extremamente útil para você que tem um aparelho e ele vive de memória cheia por causa de Vídeos e Imagens. Ativando a sincronização automática e apagando os arquivos do seu aparelho, temos a solução. É importante salientar que você pode apagar os vídeos e fotos do seu aparelho após o backup, e conseguirá baixar esses arquivos quando e onde quiser, em forma de Omniarquivo. A seguir terá a instrução de como ativar a sincronização automática.

**Tutorial para Android, iOS e Computador**

https://support.google.com/photos/answer/6193313?co=GENIE.Platform%3DAndroid&hl=pt-BR&oco=1

Este app também tem outras funções bem interessantes, e se você lida no dia a dia com imagens, fotos e vídeos lhe recomendo o conhecer melhor.

## 2.3.1.2.1. CONTATOS

Este app é um dos mais importantes do nosso Ecossistema. Com certeza você já perdeu algum  número importante ou ficou anotando para salvar novamente em um novo aparelho. O Google Contatos será nossa agenda de contatos, e nos auxiliará no salvamento e sincronização automática dos nossos contatos. A seguir tem o tutorial de como ativar a sincronização automática e como adicionar seus contatos.

**Tutorial**

https://support.google.com/contacts/answer/9423168?hl=pt-BR

## 2.3.1.2.1. NUVEM

 Por fim, tenha ciência da importância da nossa Nuvem, como centro do nosso Ecossistema, e centralidade dos Backups de nossos arquivos.

Pelos smartfones não é possível ativar a sincronização automática dos arquivos direto para sua Nuvem como no computador, portanto devemos estar, com frequência, adicionando os arquivos importantes à nossa Nuvem.

Te mostrarei agora como fazer isso:

**Tutorial**

https://support.google.com/drive/answer/2424368?co=GENIE.Platform%3DAndroid&hl=pt-BR

Se você usa o aplicativo WhatsApp saiba que ele se utiliza da sua Nuvem para fazer backup de tudo que está no app. Aproveite e confira se a sua conta Google, que foi criada a pouco, é a que está na opção de backup nesse App.

**Tutorial**

https://faq.whatsapp.com/android/chats/how-to-back-up-to-google-drive/?lang=pt_br

Caso esteja tudo ok, na próxima troca de celular basta instalar sua Nuvem e reinstalar o aplicativo que suas mensagens e arquivos se manterão intactos.

**Tutorial**

https://faq.whatsapp.com/android/chats/how-to-restore-your-chat-history/?lang=pt_br

Os demais componentes do Ecossistema não necessitam de ativação, pois já trabalham com a sincronização imediata dos Omniarquivos.

## 2.3.1.3. CHECAGEM PERIÓDICA

É de extrema importância que, com uma frequência de no máximo uma semana, você pare alguns minutos e confira se o backup dos seus arquivos está certo. **Agende isso** e sempre faça a checagem. Acredite, este Hábito pode salvar seu dia em caso de perda de um aparelho, e trará uma velocidade absurda ao seu dia a dia, tendo em vista que em qualquer lugar e por qualquer dispositivo você terá acesso a todos os seus arquivos de maior importância.

## 2.3.1.3.1. CHECKLIST DE BACKUP

| TÓPICO | | ✓ |
|---|---|---|
| 01) | Não Portáteis - pôr arquivos importantes na Nuvem | |
| 02) | Portáteis - pôr arquivos importantes na Nuvem | |
| 03) | App de Fotos - checar se o backup está em dia | |
| 04) | App de Contatos - checar se o backup está em dia | |
| 05) | WhatsApp - checar se o backup está em dia | |

## 2.3.1.3.2. AGENDAMENTO

Copie a Lista de Checagem acima para uma nova nota no Keep e ative a caixa de seleção para ter a opção de Check.

Após isso agende essa lista para ser um lembrete semanal. Esta opção se encontra no canto inferior esquerdo do Keep.

**Tutorial**

https://support.google.com/keep/answer/2888246?co=GENIE.Platform%3DDesktop&hl=pt-BR

## 2.3.2. BACKUP PESSOAL

Já sabemos a importância da preservação de dados em nossa vida, e o backup de nossos documentos físicos, além de ser importante, nos traz extrema praticidade, pois com certeza você já deve ter precisado enviar algum documento e teve que perder tempo na procura, escaneando etc.

Tendo em vista que só você deverá ter acesso a suas contas de acesso ao Ecossistema, e que todas as boas práticas de segurança, já citadas anteriormente, serão seguidas por você, todos os passos a seguir deverão ser seguidos.

## 2.3.2.1. BACKUP DE DOCUMENTOS

**a)** Tire boas fotos de todos os seu Documentos físicos importantes, ou escaneie com uma impressora/scanner.

**b)** Ponha o nome de cada Documento, com o máximo de detalhes descritivos, para facilitar buscas futuras.

**c)** Crie uma pasta dentro da sua pasta de Documentos de sua Nuvem (Backup PC > Documentos), denomine de "Documentos Pessoais" e ponha todos esses documentos nela. Você pode criar pastas dentro da pasta

"Documentos Pessoais" com grupos de documentos específicos, de acordo com o que tenha em seus arquivos, pois isso também facilitará em uma busca futura.

## 2.3.2.2. BACKUP DE IMAGENS

**a)** Separe todas as suas Imagens e/ou Fotos que queira preservar e guardar. Se essas Imagens e/ou Fotos forem físicas e impressas você pode, assim como os Documentos, tirar boas fotos e/ou escanear.

**b)** Nomeie todas essas Imagens com o máximo de detalhes descritivos possíveis.

**c)** Crie uma pasta dentro da sua pasta de Imagens de sua Nuvem (Backup PC > Imagens), denomine de "Imagens Pessoais" e ponha todas essas

Imagens nela. No caso de Imagens pode criar várias pastas dentro de "Imagens Pessoais", separando da forma que achar melhor todos os arquivos, um exemplo é pasta "Fotos da Família", "Imagens de 2020" ou "Fotos de Viagens",

**d)** Utilizaremos o Gestor de Fotos do seu Ecossistema (Google Fotos, por exemplo) para Imagens e Fotos mais recentes, que você queira ter à mão rapidamente. A ideia aqui é utilizar a Nuvem para preservação a muito longo prazo, principalmente de Fotos físicas e antigas.

## 2.3.2.3. BACKUP DE VIDEOS

**a)** Separe todos os seus Vídeos que queira preservar e guardar. Se eles se encontrarem em mídias físicas você pode salvar em seu computador. Caso não consiga busque um profissional de acordo com a mídia dos seus arquivos de Vídeo.

**b)** Nomeie todos esses Vídeos com o máximo de detalhes descritivos possíveis.

**c)** Crie uma pasta dentro da sua pasta de Vídeos de sua Nuvem (Backup PC > Vídeos), denomine de "Vídeos Pessoais" e ponha todos esses Vídeos nela. No caso dos Vídeos você pode criar várias pastas dentro de "Vídeos Pessoais", separando da forma que achar melhor todos os arquivos, um exemplo é "Vídeos da Família", "Vídeos de 2020" ou "Vídeos de Viagens".

**d)** Utilizaremos o Gestor de Fotos do seu Ecossistema (Google Fotos, por exemplo) também para Vídeos, porém para os mais recentes e que você queira ter a mão rapidamente. A ideia aqui é utilizar a Nuvem para preservação a muito longo prazo, principalmente de Vídeos de mídias físicas.

## 2.3.2.4. BACKUP DE ÁUDIOS

**a)** Separe todas as suas Músicas e Áudios que queira preservar. Se eles se encontrarem em mídias físicas você pode os salvar em seu computador, e caso não consiga busque um profissional de acordo com a mídia dos seus arquivos de Áudio.

**b)** Nomeie todos esses Áudios e Músicas com o máximo de detalhes descritivos possíveis.

**c)** Crie uma pasta dentro da sua pasta de Áudio de sua Nuvem (Backup PC > Áudios), denomine de "Áudios Pessoais" e ponha todos esses Áudios nela. No caso dos Áudios você pode criar várias pastas dentro de "Áudios Pessoais", separando da forma que achar melhor todos os arquivos.

Após a finalização de todo esse processo você poderá desfrutar de todos os seus arquivos mais importantes a qualquer momento, e ter a certeza da sua preservação e segurança. Aproveite!

## 🛠 2.4. GESTÃO PESSOAL

IMPLEMENTAÇÃO

Chegamos ao ponto máximo da implementação do nosso Método, onde vamos usufruir de tudo que fora aprendido e ajustado até aqui, de forma prática e aplicada. Seu EU DIGITAL já existe, com todo o Ferramental e segurança necessária, e agora é hora de produzirmos, com toda tranquilidade do mundo.

## 2.4.1. IMPLEMENTAÇÃO DA TRÍADE DOS HÁBITOS PRÁTICOS

Vimos anteriormente que na **Gestão Pessoal** existem hábitos necessários para gerirmos nosso dia a dia. Agora vamos transformar esses hábitos teóricos da **Gestão Pessoal** em **Hábitos Práticos** para o dia a dia.

| GESTÃO PESSOAL | → | HÁBITOS PRÁTICOS |
|---|---|---|
| 1) VOCÊ É O CRIADOR | → | 1) PLANEJAMENTO - Diário e Semanal |
| 2) CRIE SEUS OBJETIVOS | → | 2) AGENDAMENTO - A cada segundo que for possível e/ou necessário |
| 3) REALIZE | → | 3) AÇÃO, CHECAGEM E READEQUAÇÃO - A cada segundo que for possível e/ou necessário |

Fixe bem os **Hábitos Práticos** em sua mente, pois o ideal é que todos os dias você pare alguns minutos e realize estes hábitos.

Vamos, abaixo, esmiuçar cada parte desses **Hábitos Práticos** e qual a forma ideal para que eles sejam implementados na sua vida.

## 2.4.1.1. PLANEJAMENTO

Teremos que dividi-lo em semanal e diário para melhor compreensão e execução. Agende esses planejamentos, o semanal para um dia que você tenha um momento livre para se planejar, e o diário preferencialmente para a parte da manhã, o que lhe ajudará a começar seu dia bem.

Compreenda a execução a seguir, para que você possa o replicar semanalmente e diariamente.

## 2.4.1.1.1. PLANEJAMENTO SEMANAL

O planejamento semanal terá caráter de longo prazo. É quando você irá parar com calma e estruturar toda a sua semana.

## 2.4.1.1.1.1. LISTAGEM

Você irá listar seus objetivos de curto e longo prazo na tabela a seguir.

| OBJETIVOS DE CURTO PRAZO | OBJETIVOS DE LONGO PRAZO |
|---|---|
| 01 - | 01 - |
| 02 - | 02 - |
| 03 - | 03 - |
| 04 - | 04 - |
| 05 - | 05 - |
| 06 - | 06 - |
| 07 - | 07 - |
| 08 - | 08 - |
| 09 - | 09 - |
| 10 - | 10 - |
| 11 - | 11 - |
| 12 - | 12 - |
| 13 - | 13 - |
| 14 - | 14 - |
| 15 - | 15 - |
| 16 - | 16 - |
| 17 - | 17 - |
| 18 - | 18 - |
| 19 - | 19 - |
| 20 - | 20 - |
| 21 - | 21 - |
| 22 - | 22 - |
| 23 - | 23 - |
| 24 - | 24 - |
| 25 - | 25 - |
| 26 - | 26 - |
| 27 - | 27 - |
| 28 - | 28 - |
| 29 - | 29 - |
| 30 - | 30 - |
| 31 - | 31 - |
| 32 - | 32 - |
| 33 - | 33 - |
| 34 - | 34 - |
| 35 - | 35 - |
| 36 - | 36 - |
| 37 - | 37 - |
| 38 - | 38 - |
| 39 - | 39 - |
| 40 - | 40 - |

## ANEXO 02 - LISTA DE OBJETIVOS

https://www.metodoeudigital.com.br/downloads

Na primeira vez que você fizer isso haverá maior volume de objetivos, mas nas próximas

www.metodoeudigital.com.br
contato@metodoeudigital.com.br
(83) 9.9655-5989

Método de
Gestão Pessoal Digital

semanas, ao planejar novamente, você terá isso sempre reduzido, pois a grande maioria dos objetivos já estarão estruturados em sua agenda.

## 2.4.1.1.1.2. AGENDAMENTO DE LONGO PRAZO

Agende seus objetivos de longo prazo na agenda de eventos, sempre com exatidão de datas no início e fim.

## 2.4.1.1.1.3. ANÁLISE DE CURTO PRAZO

Coloque todos os objetivos de curto prazo na Matriz de Gestão de Tempo e faça a divisão dos objetivos urgentes, necessários, futuros e excluídos.

# ANEXO 01 - MATRIZ DE GESTÃO DE TEMPO
https://www.metodoeudigital.com.br/downloads

## 2.4.1.1.1.4. AGENDAMENTO DE CURTO PRAZO

Agende seus objetivos de curto na agenda de eventos, em forma de lembretes assinalando o dia todo. Deixe para colocá-los em horários específicos quando for organizar o seu dia a dia, no planejamento diário.

## 2.4.1.1.2. PLANEJAMENTO DIÁRIO

O planejamento diário irá sempre ter caráter de curto prazo. É quando você irá, rapidamente e sempre com a maior frequência possível, parar e ajustar todos os objetivos, em forma de lembretes, às horas disponíveis de cada dia.

## 2.4.1.1.2.1. ROTINA DIÁRIA

Abra sua agenda e adeque todos os lembretes aos horários disponíveis no dia. Se necessário sobreponha lembretes a eventos já existentes. Caso não seja mais possível colocar horários específicos nos lembretes do dia atual, coloque-os para o próximo dia, e refaça isso diariamente pelas manhãs, ou em qualquer momento possível.

## 2.4.1.2. AGENDAMENTO

Este agendamento é sobre demanda. Sempre que surgir um compromisso ou que você lembrar algo deve ser feito já agende. Se você é convido a uma festa, ou a um evento, é um dever seu checar se há disponibilidade, e isso será feito na sua agenda, caso tenha disponibilidade haverá o agendamento, porém, caso já tenha algo agendado pode haver a readequação deste evento ou um agendamento em outro horário, tudo indo de acordo com o cenário e com seus compromissos diários. Isso nós já fazemos mentalmente todo dia, recusamos convites e firmamos compromissos de acordo com o que lembramos dos afazeres de nossa rotina, mas agora você passará a não mais confiar em sua memória, pois ela é falha, e temos ferramentas adequadas para isso na palma da sua mão, 24h por dia.

Após um tempo de uso você conseguirá checar na agenda qual o melhor horário para futuros agendamentos, evitando assim o choque com outros eventos, além de poder ter uma melhor noção visual da sua rotina diária.

Passaremos a utilizar nossa agenda de eventos a partir daqui, então você precisa saber como diferenciar os agendamentos. As opções mais usadas no nosso dia a dia são os lembretes e eventos.

**01)** Você criará um evento na sua agenda quando este objetivo o a ser cumprido disser respeito a algo recorrente na sua rotina (como tempo que tens para tomar café, tomar banho ou se locomover até o trabalho), ou ainda se for realmente um evento com hora marcada.

**02)** Caso o objetivo a ser agendado seja algo que você só tem que cumprir, independe de horário fixo, e você pode ir reajustando ao longo do dia, é melhor que você se utilize da criação de um lembrete para isso.

## 2.4.1.3. AÇÃO, CHECAGEM E READEQUAÇÃO

Este hábito é de grande importância, pois tendo uma agenda de eventos toda estruturada você terá todo o seu dia descrito ali, o que levará você a observar ela com frequência e a agir de acordo com o que está agendado ali. Junto a ação que você irá desenvolver de acordo com a agenda e haverá também a necessidade do Hábito de Checagem e Readequação da agenda, sempre conferindo quais os próximos eventos e confirmando com os envolvidos, se necessário, podendo haver Readequação por adiamento de um evento ou simplesmente por não ter sido possível cumprir com o objetivo de um lembrete.

O Hábito de planejar estruturando sua agenda, agendar tudo que aparecer no caminho e agir de acordo com os agendamentos, sempre reestruturando tudo, de acordo com o dia a dia, fará de você um exímio Gestor do seu Tempo, com isso virá a alta produtividade e a noção visual de como o seu tempo está sendo investido, através da agenda.

Passei anos da minha vida juntando experiencias, vivendo e vivenciando coisas, e posso te dizer, com toda sinceridade que há em mim, que o que está disposto aqui neste Método, se aplicado da forma como foi instruída, fara de você um ser totalmente diferente, em todos os aspectos possíveis. É maravilhoso finalizar um dia com a segurança e a certeza de que tudo o que você precisa fazer já está posto e salvo. Você conseguirá relaxar sabendo que todos os seus dados e próximos passos da sua vida estão seguros e lhe aguardando para o próximo dia.

## 2.5. CHECKLIST DO SEU EU DIGITAL

Chegando até aqui você já tem ciência de todo Método, mas agora chegou a hora de firmar a sua implementação para que de fato haja transformação!

Todos os tópicos práticos que tinham a esta figura (🛠) deveriam ter sido postos em pratica, e caso tenha feito isso, em partes, ou não tenha feito, não se preocupe, vou lhe ajudar a garantir que o Método seja devidamente aplicado em sua vida.

Separe um tempo para isso, pois algo de tamanha importância não deve ser feio de forma fracionada ou sem a devida atenção. Priorize esta implementação! Te garanto que será recompensador.

A seguir estará a Checklist de criação, ajuste e implementação do Seu EU DIGITAL. Cheque e assegure que tudo foi compreendido, criado, feito, ajustado, agendado e devidamente implementado.

## 2.5.1. CHECKLIST

| TÓPICO | | ✓ |
|---|---|---|
| 01) | **CONFIGURAÇÃO DO ECOSSISTEMA** | |
| A) | CRIAÇÃO DE CONTA | |
| B) | ORGANIZAÇÃO DA NUVEM | |
| 02) | **AJUSTE DO ECOSSISTEMA NOS DISPOSITIVOS** | |
| A) | NÃO PORTÁTEIS | |
| B) | PORTÁTEIS | |
| 03) | **AUTOMATIZAÇÃO EM DISPOSITIVOS** | |
| A) | NÃO PORTÁTEIS | |
| B) | PORTÁTEIS | |
| C) | CHECAGEM PERIÓDICA DE BACKUP | |
| 04) | **BACKUP PESSOAL** | |
| A) | 1) BACKUP DE DOCUMENTOS | |

| | |
|---|---|
| B) | 2) BACKUP DE IMAGENS |
| C) | 3) BACKUP DE VÍDEOS |
| D) | 4) BACKUP DE ÁUDIO |
| 05) | IMPLEMENTAÇÃO DA TRÍADE DOS HÁBITOS PRÁTICOS |
| A) | 1) PLANEJAMENTO |
| B) | 2) AGENDAMENTO |
| C) | 3) AÇÃO, CHECAGEM E READEQUAÇÃO |

## 2.5.2. IMPORTANTE

Caso tenha dúvidas a respeito de qualquer ponto do Método, e principalmente sobre a sua implementação, entre em contato conosco através do nosso E-mail ou WhatsApp.

Através do site www.metodoeudigital.com.br você encontrará o Método de Gestão Pessoal Digital EU DIGITAL

em formato de curso online, com aulas em vídeo e todo o suporte necessário para a implementação do Método, e conseguirá descobrir como levar os treinamentos presenciais para sua organização comercial e/ou educacional.

## SITE

www.metodoeudigital.com.br

## E-MAIL

contato@metodoeudigital.com.br

## WHATSAPP

(83) 9.9655-5989

## CONCLUSÃO

Acima está a checklist para garantir a construção do Seu EU DIGITAL, e logo abaixo está o resumo mental para recapitulação de todos os elementos deste capítulo.

É algo extremamente recompensador ter o Seu EU DIGITAL pronto e funcionando ao seu favor. Existir corretamente no mundo digital te faz existir com extrema qualidade de vida aqui no mundo físico.

Seu EU DIGITAL irá ser refletir na sua vida pessoal, profissional, acadêmica, e em sua saúde física, mental e emocional, pois sua vida será diariamente planejada e seus rumos serão diariamente aprumados **por vocês!**

Anos da minha vida acadêmica, pessoal e profissional foram expostos aqui. Foram várias as madrugadas estudando e ligando pontos que me trouxeram ao Método de Gestão Pessoal EU

DIGITAL, e é um imenso prazer compartilhar isso com você. Muito obrigado por ter acompanhado tudo até aqui. Meus sinceros votos são para que este Método seja tão magnífico para a sua vida quanto tem sido para a minha, e desejo que a sua existência física e digital possa ser repleta de realizações e muita paz.

Pronto, você provavelmente já tem seu foguete construído. Agora aperte os cintos e desfrute de tudo o que a Gestão Pessoal Digital tem a lhe oferecer, através do Seu EU DIGITAL.

**TE VEJO NAS NUVENS!**

www.metodoeudigital.com.br
contato@metodoeudigital.com.br
(83) 9.9655-5989

Método de
Gestão Pessoal Digital

# RESUMO MENTAL

## ANEXO 03 - RESUMO MENTAL GERAL

https://www.metodoeudigital.com.br/downloads

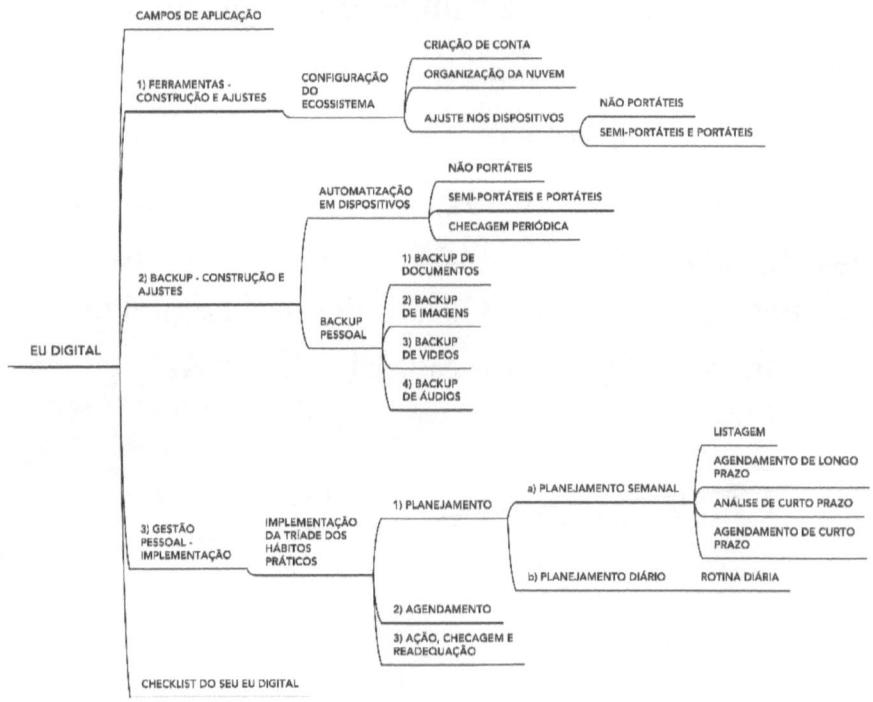

www.metodoeudigital.com.br
contato@metodoeudigital.com.br
(83) 9.9655-5989

Método de
Gestão Pessoal Digital

# ANEXOS

# ANEXO 01 - MATRIZ DE GESTÃO DE TEMPO

https://www.metodoeudigital.com.br/downloads

| | URGENTE | NÃO URGENTE |
|---|---|---|
| IMPORTANTES | 1º QUADRANTE - URGENTES<br>01 -<br>02 -<br>03 -<br>04 -<br>05 -<br>06 -<br>07 -<br>08 -<br>09 -<br>10 -<br>11 -<br>12 -<br>13 -<br>14 -<br>15 -<br>16 -<br>17 -<br>18 -<br>19 -<br>20 - | 3º QUADRANTE - FUTUROS<br>01 -<br>02 -<br>03 -<br>04 -<br>05 -<br>06 -<br>07 -<br>08 -<br>09 -<br>10 -<br>11 -<br>12 -<br>13 -<br>14 -<br>15 -<br>16 -<br>17 -<br>18 -<br>19 -<br>20 - |
| NÃO IMPORTANTES | 2º QUADRANTE - NECESSÁRIOS<br>01 -<br>02 -<br>03 -<br>04 -<br>05 -<br>06 -<br>07 -<br>08 -<br>09 -<br>10 -<br>11 -<br>12 -<br>13 -<br>14 -<br>15 -<br>16 -<br>17 -<br>18 -<br>19 -<br>20 - | 4º QUADRANTE - DESCARTÁVEIS<br>01 -<br>02 -<br>03 -<br>04 -<br>05 -<br>06 -<br>07 -<br>08 -<br>09 -<br>10 -<br>11 -<br>12 -<br>13 -<br>14 -<br>15 -<br>16 -<br>17 -<br>18 -<br>19 -<br>20 - |

www.metodoeudigital.com.br
contato@metodoeudigital.com.br
(83) 9.9655-5989

Método de
Gestão Pessoal Digital

# ANEXO 02 - LISTA DE OBJETIVOS

https://www.metodoeudigital.com.br/downloads

| OBJETIVOS DE CURTO PRAZO | OBJETIVOS DE LONGO PRAZO |
|---|---|
| 01 - | 01 - |
| 02 - | 02 - |
| 03 - | 03 - |
| 04 - | 04 - |
| 05 - | 05 - |
| 06 - | 06 - |
| 07 - | 07 - |
| 08 - | 08 - |
| 09 - | 09 - |
| 10 - | 10 - |
| 11 - | 11 - |
| 12 - | 12 - |
| 13 - | 13 - |
| 14 - | 14 - |
| 15 - | 15 - |
| 16 - | 16 - |
| 17 - | 17 - |
| 18 - | 18 - |
| 19 - | 19 - |
| 20 - | 20 - |
| 21 - | 21 - |
| 22 - | 22 - |
| 23 - | 23 - |
| 24 - | 24 - |
| 25 - | 25 - |
| 26 - | 26 - |
| 27 - | 27 - |
| 28 - | 28 - |
| 29 - | 29 - |
| 30 - | 30 - |
| 31 - | 31 - |
| 32 - | 32 - |
| 33 - | 33 - |
| 34 - | 34 - |
| 35 - | 35 - |
| 36 - | 36 - |
| 37 - | 37 - |
| 38 - | 38 - |
| 39 - | 39 - |
| 40 - | 40 - |

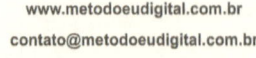

Método de
Gestão Pessoal Digital

# ANEXO 03 - RESUMO MENTAL GERAL

https://www.metodoeudigital.com.br/downloads

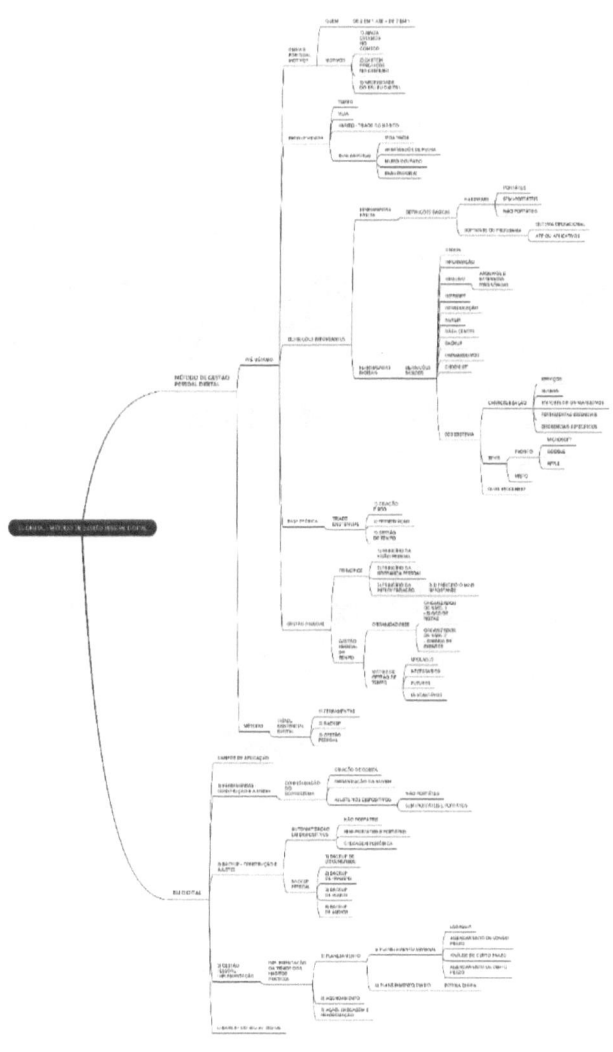

# REFERÊNCIAS

## LIVROS

"Administração de Oficinas", Frederick Taylor, 1903.

"Discurso sobre o Método", René Descartes, 1637.

"Teoria geral da administração", Idalberto Chiavenato, 2000.

"Produtividade para quem quer tempo", Gerônimo Theml, 2016.

# SITE

https://rockcontent.com/br/blog/matriz-de-eisenhower/

https://brasil.elpais.com/brasil/2018/11/09/tecnologia/1541771036_210342.html

https://agenciabrasil.ebc.com.br/geral/noticia/2019-01/brasil-foi-5o-pais-em-ranking-de-uso-diario-de-elulares-no-umndo

https://www.microsoft.com/pt-br/microsoft-365/buy/compare-all-microsoft-365-products

https://workspace.google.com/intl/pt-br/pricing.html

https://support.apple.com/pt-br/ht201238

https://workspace.google.com/

https://support.google.com/accounts/answer/27441?hl=pt-BR

https://support.google.com/drive/answer/2375091?co=GENIE.Platform%3DDesktop&hl=pt-BR

https://support.google.com/chrome/answer/95346?co=GENIE.Platform%3DDesktop&hl=pt-BR

https://support.google.com/chrome/answer/185277?co=GENIE.Platform%3DDesktop&hl=pt-BR

https://support.google.com/chrome/answer/188842?co=GENIE.Platform%3DDesktop&hl=pt-BR

https://support.google.com/chrome/answer/95464?co=GENIE.Platform%3DDesktop&hl=pt

https://support.google.com/chrome/answer/185277?co=GENIE.Platform%3DDesktop&hl=pt-BR

https://www.techtudo.com.br/dicas-e-tutoriais/noticia/2016/04/como-instalar-o-google-drive-no-pc-ou-mac.html

https://www.techtudo.com.br/dicas-e-tutoriais/2018/01/como-instalar-aplicativos-no-android.ghtml

https://support.apple.com/ptbr/HT204266

https://canaltech.com.br/apps/como-usar-widgets-telegram/

https://support.google.com/

https://support.microsoft.com/

https://support.apple.com/

https://tecnoblog.net/218908/tutorial-google-drive-backup/

https://support.google.com/photos/answer/6193313?co=GENIE.Platform%3DAndroid&hl=pt-BR&oco=1

https://support.google.com/contacts/answer/9423168?hl=pt-BR

https://support.google.com/drive/answer/2424368?co=GENIE.Platform%3DAndroid&hl=pt-BR

https://faq.whatsapp.com/android/chats/how-to-back-up-to-google-drive/?lang=pt_br

https://faq.whatsapp.com/android/chats/how-to-restore-your-chat-history/?lang=pt_br

https://support.google.com/keep/answer/2888246?co=GENIE.Platform%3DDesktop&hl=pt-BR

www.ingramcontent.com/pod-product-compliance
Lightning Source LLC
Chambersburg PA
CBHW031632210526
45464CB00004B/1856